AF446011

Panamericanismo en la política exterior brasileña (1902-1912)

Daniela Segovia

PANAMERICANISMO EN LA POLÍTICA EXTERIOR BRASILEÑA (1902-1912)

DANIELA SEGOVIA

EDIQUID

ÍNDICE

AGRADECIMIENTOS

En la elaboración de mi investigación, he contado con el apoyo e incentivo de muchas personas. Mis agradecimientos iniciales van para el profesor Alejandro Mendible por su disposición y paciencia.

Quisiera agradecer también al personal de la Biblioteca Nacional de Brasil, en especial a Rutonio J.F. de Sant´Anna de la División de Obras Generales y al equipo del Instituto Histórico y Geográfico Brasileño y de la Biblioteca Mario Henrique Simonsen de la Fundación Getulio Vargas, en Río de Janeiro, así como reconocer el apoyo de la Biblioteca de la Facultad de Humanidades de la Universidad de San Pablo.

Asimismo, quisiera dar gracias a mi amigo Raphael Seabra y su familia, incluyendo a su tía Luciana Obata, quienes me recibieron como a una más de la casa en San Pablo. Gracias también a mi amiga Ida Vanessa Medina Padrón, quien me acompañó en mi viaje a Brasil.

Por último, pero no menos importante, gracias a mi familia por estar siempre presente.

Nota al lector

Este libro que usted tiene en sus manos comenzó como mi tesis de maestría en Historia de las Américas. En tal estado, se trata de un libro escrito con la formalidad y rigor académico que una tesis exige. Sin embargo, luego de decidir que lo publicaría, consideré pertinente hacerle algunas breves modificaciones, con el objetivo de hacerlo más amable para ustedes, estimados lectores que hacen vida fuera del mundo de las academias.

En tal sentido, permítanme hacer una breve introducción al tema tratado en este volumen:

En Brasil, la interpretación del panamericanismo como una política americana tiene un particular distintivo nacional, dado que este país sudamericano fue protagonista a principios de siglo XX de un contrapunteo intelectual donde los protagonistas eran curiosamente diplomáticos de alto rango que debatían no solo desde la práctica misma sino con una profundidad académica sorprendente los pros y los contras de los postulados panamericanistas y la conveniencia o no de la adhesión de éstos a la política exterior de su país.

Siguiendo la tradición aislacionista heredada del Imperio y rodeada de numerosas repúblicas de lengua española, Brasil había mantenido su integridad territorial, evitando caer en la fragmentación que sufrió la América Hispana. No obstante, con el advenimiento de la República en 1889 y sin fragmentación alguna, Brasil se igualó en el plano político con las naciones hispanoamericanas, abriéndose de manera paulatina al continente. De este modo, para entender el ascenso de Brasil como potencia sudamericana, se hace preciso el estudio reflexivo de su trayectoria política como Estado y analizar concienzudamente bajo cuales parámetros los diplomáticos brasileños han actuado para alcanzar tal estatus ante la comunidad internacional.

En este trayecto, un rasgo a destacar es el crecimiento de la influencia de los Estados Unidos en América Latina a finales del siglo XIX e inicios del XX y la interacción de Brasil ante esta avanzada. Entre las políticas que Washington adelantó en la región estaba la promoción de los postulados panamericanistas y la convocatoria de las llamadas Conferencias Panamericanas, que dieron paso a la formación de la primera organización continental estable para los países de América. Lo que comenzó en 1889 con una reunión en Washington de los representantes de todos los países de Latinoamérica para discutir sobre materias comerciales dio paso a un mecanismo más complejo que abarcó un carácter primordialmente político, la Unión Panamericana en 1910, que posteriormente se convirtió en la Organización de Estados Americanos en 1948.

Entre 1902 y 1912, la política exterior brasileña adoptó una serie de principios innovadores que tuvieron como fin la consolidación de una hegemonía regional en América del Sur, la cual se obtuvo a través de un buen relacionamiento con los países vecinos y con los Estados Unidos. En este contexto, se inserta el panamericanismo y en tal sentido resulta pertinente estudiar como ocurrió este para poder entender el papel que juega hoy día Brasil no solo en América del Sur sino en todo el continente. Igualmente, abordar el tema del panamericanismo en la política exterior brasileña entre 1902 y 1912, resulta un tema por demás vigente dentro de la actual coyuntura sudamericana, donde diversos mecanismos de integración han sido promovidos en las últimas décadas y donde la Organización de Estados Americanos, heredera de los postulados panamericanistas, ha perdido influencia en los países de la región en el terreno político.

Considerando el enfoque historiográfico como una orientación general, el presente libro aborda *El panamericanismo en la política exterior brasileña (1902-1912)* partiendo del análisis de la interpretación que tuvo la cancillería del Brasil sobre el panamericanismo a fin de aumentar su influencia en América del Sur.

Dado que la mayor parte de los estudios que se han realizado sobre el panamericanismo y Brasil solo toman en consideración a los actores en su acción individual, lo novedoso en el enfoque de la presente investigación radica en que se hará un estudio concatenado de las influencias de diversos actores políticos de la época, contextualizándolos en el accionar de la política exterior brasileña y destacando así el papel rector del Ministerio de Relaciones Exteriores de Brasil.

El objetivo general de mi tesis fue el de comprender la incidencia que tuvo el panamericanismo en la formulación de la política exterior brasileña entre 1902 y 1912.

Los objetivos específicos, por su parte, eran:

- Categorizar la situación político-internacional de la época y la situación política de Brasil para comienzos del siglo XX.
- Identificar los fundamentos de la política exterior de Brasil bajo la gestión del Barón de Río Branco.
- Analizar los eventos más importantes en las relaciones exteriores del Brasil durante la gestión del Barón de Río Branco.
- Contrastar la visión de intelectuales brasileños tales como Manuel de Oliveira Lima, Joaquim Nabuco y el Barón de Río Branco sobre el panamericanismo.
- Determinar el impacto internacional y los dividendos para Brasil de la III Conferencia Panamericana celebrada en Río de Janeiro en 1906.
- Comparar el panamericanismo en la visión brasileña 100 años después.

En la primera parte del libro, se caracteriza la situación político internacional de la época, haciendo especial énfasis en los intereses de Estados Unidos dentro de un contexto hemisférico, el papel de la Doctrina Monroe y el Corolario Roosevelt.

En la segunda parte, se destaca el papel del Barón de Río Branco como sinónimo de la política exterior brasileña durante la década de 1902 a 1912, en este sentido, el libro tomará como uno de los factores determinantes para entender el carácter de la Cancillería brasileña a esta figura, artífice de lo que hoy conocemos como Itamaraty. Asimismo, nos centraremos en los asuntos esenciales de su política exterior, se destacarán los métodos políticos utilizados por la Cancillería brasileña para explicar el ascenso de Brasil en la región, así como el impacto en la región de la III Conferencia Panamericana celebrada en Río de Janeiro en 1906.

Seguidamente, la tercera parte estudia desde una aproximación más intelectual de esta cuestión, las posiciones del Barón de Río Branco, Manuel de Oliveira Lima y Joaquim Nabuco con relación al panamericanismo.

Finalmente, en la cuarta parte se hace una relectura de la acción de la Cancillería brasileña con relación a los postulados panamericanistas a la luz de los problemas y desafíos a los que se enfrenta hoy día.

Quisiera acotar, además, que todos los documentos y la bibliografía brasileña citada en la sección final del libro aparecen en portugués, asimismo hay un abundante uso de referencias en inglés, siendo lo correcto señalar en las notas al pie de página que es traducción propia, considero, para más facilidad del lector, no colocarlo, sino hacer esta aclaratoria acá mismo.

No me queda más que esperar que quienes se animen a leerme, encuentren aquí lo que me propuse colocar desde el principio: una visión amplia, bien documentada y bien sustentada de la política exterior brasileña durante un período esencial, política que probablemente explique muchos de los conflictos y relaciones de poder que en la actualidad de mantienen en todo el continente.

Si al menos logro despertar la curiosidad de los lectores, me doy por satisfecha.

Capítulo 1. Panamericanismo y caracterización político internacional de la época

Independencia e identidad política en Brasil

Para entender la política exterior brasileña a inicios del siglo XX, se hace preciso repasar el *proceso de independencia* y la *construcción del Estado* en ese país, cabe señalar que ambas dinámicas tuvieron un recorrido distinto en Brasil que en el resto de la América Hispana[1]. En este sentido, hay dos puntos que vale destacar a los efectos de comprender la relación entre la identidad del gigante amazónico con su política exterior. Subrayando como primer elemento, la relación de los procesos independentistas con las ideas de quiebre y prolongación de sus propias identidades políticas. En este contexto, se puede señalar que los países que fueron colonias españolas, se independizaron de la metrópoli y al mismo tiempo construyeron una nueva identidad.[2]»

En tanto, en Brasil, la élite monárquica prevaleció y el equilibrio de su sistema político fue mucho mayor en comparación con los sistemas políticos de los países hispanoamericanos. Bajo tal ascendente, Brasil siguió expandiéndose en el plano territorial, y en su política no existía una noción de solidaridad latinoamericana que sí fue desarrollada por los países hispanoparlantes.[3]

El segundo punto se vincula con la construcción del Estado brasileño como tal y que cobró un nuevo impulso con la independencia. Tomando en consideración que, al tener una élite cohesionada, le posibilitó la construcción de un Estado mucho más eficaz en comparación con los demás países sudamericanos. A este respecto, el historiador Alejandro Mendible ha señalado que «no existió en todo el continente americano un proceso de transición política menos traumática entre el periodo colonial y el surgimiento del nuevo Estado independiente que el orquestado por la dinastía de los Bragança».[4]

En este sentido, como un factor digno de tener en cuenta dentro del recorrido histórico brasileño, se nos revela un «carácter pacífico» en las transiciones políticas en Brasil, término acuñado por Boris Fausto quién ejemplifica la naturaleza pacífica de estas transformaciones con el proceso de independencia en 1822 y décadas después, con la transición del régimen monárquico al republicano en 1889, que se produjo sin grandes altercados. Así, en materia de política exterior destaca el famoso «Manifiesto del Príncipe Regente de Brasil a los Gobiernos y Naciones Amigas», redactado por el Primer Canciller del Brasil, José Bonifacio de Andrade e Silva, el 6 de agosto de 1822, en el que señala:

«Mi firme resolución y la de los pueblos que gobierno están legítimamente promulgadas. Espero pues que los hombres sabios e imparciales de todo el mundo y que los Gobiernos y Naciones Amigas de Brasil hagan justicia a tan justos y sabios sentimientos. Y los convido a continuar con el Reino del Brasil las mismas relaciones de mutuo interés y amistad. Estaré presto a recibir a sus Ministros y agentes diplomáticos y a enviarles los míos.»

Siguiendo el lineamiento de transformaciones pacíficas dentro el proceso brasileño, el connotado historiador Rubens Ricupero señala que:

«La diplomacia de Brasil se ha caracterizado por una elevada conciencia de continuidad histórica con el pasado, la cual, por su vez, tiene mucho que ver con la presencia, entre 1808 y 1821, del rey de Portugal y de su corte en Río de Janeiro, que se convirtió entonces en la capital de facto del imperio lusitano. Una de las consecuencias de ese hecho histórico fue el proceso singular de la independencia brasileña, prácticamente sin guerra prolongada contra la antigua metrópoli.[5]»

Es necesario destacar la noción del Brasil dentro del espacio latinoamericano, en el siglo XXI e inicios del XX, Brasil de veía a sí mismo como una entidad política e incluso cultural diferenciada de la noción latinoamericana asociada a conflictos e inestabilidad[6]. Se establece una compleja relación entre, por un lado, una América Latina que elimina a Brasil del mapa y, por el otro, un Brasil que no se siente parte de la América Latina.

No obstante, con el advenimiento de la República se persigue acabar con esa especie de aislamiento, en este sentido varios intelectuales republicanos estaban particularmente atraídos hacia los Estados Unidos. De hecho, el Manifiesto Republicano de 1870 se inició con las famosas palabras: «somos de la América y queremos ser americanos». Así como Brasil estaba aislado de las repúblicas hispanoamericanas por razones de geografía, historia, lengua y cultura, y, sobre todo, por su herencia monárquico/imperial de gobierno, Brasil estaba igualmente distante de los Estados Unidos. De este modo, la élite política de la recién instaurada República asumió que Brasil debía romper el aislamiento no solo con la América Hispana, sino también con los Estados Unidos.

EL PANAMERICANISMO COMO INSTRUMENTO PARA
EL ESTABLECIMIENTO DE UNA HEGEMONÍA HEMISFÉRICA
POR PARTE DE LOS ESTADOS UNIDOS

Completada la misión de su «Destino Manifiesto[7]» a costa de naciones como México y con el triunfo del industrialismo sobre el agrarismo y con su mercado interno saturado, Estados Unidos pasó de la expansión territorial a la expansión económica en América Latina promovida por sectores oficiales en virtud de que resultaba beneficiosa no solo al sector privado, sino indispensable a los intereses nacionales traducidos en prosperidad económica y pleno empleo. Dado el crecimiento económico experimentado en la segunda mitad del siglo XIX y a comienzos del siglo XX, Estados Unidos recibió una fuerte cantidad de inmigrantes que contribuyeron a reforzar el fortalecimiento de su economía. En tal sentido, Clodoaldo Bueno señala que:

«La política exterior estadounidense, hasta entonces en una relativa calma y aislamiento, se reformuló e ingresó en una fase en parte caracterizada por la disputa con las grandes potencias. El comercio y las grandes finanzas pasaron a formar, básicamente, la política exterior estadounidense apoyada en la prosperidad de su economía.[8]»

Precisamente, bajo la presión de los representantes de la industria y comercio, Washington redefinió la Doctrina Monroe, que, si bien en 1823 era interpretada como una negación de la intervención europea en el continente americano, en 1904 era una afirmación del derecho de los Estados Unidos a intervenir en América Latina considerada en estos círculos como un área natural para su expansión.

En este contexto se inserta la política panamericanista promovida por los Estados Unidos. El uso oficial del término panamericanismo apareció en 1882, luego que el periódico *Evening Post* de Nueva York comenzara a emplearlo y fue adquiriendo una aceptación universal por parte de los otros grandes diarios a partir de los debates que se generaron con la celebración de la I Conferencia de Estados Americanos celebrada en Washington en 1889[9].

El panamericanismo «como concepto y como política hace referencia a las relaciones asimétricas que se establecen entre los países latinoamericanos y Estados Unidos y está estrechamente conectado con el surgimiento de este país como potencia mundial[10]».

Desde una perspectiva crítica latinoamericana, el panamericanismo aparece como una política destinada a promover el control político y militar de los Estados Unidos en la región con objeto de afianzar su expansión económica en el continente[11]. Vale destacar que aún antes de que fuese presentada la propuesta panamericanista ya existía frialdad y desconfianza en la mayor parte de las naciones latinoamericanas, que con anterioridad habían aunado esfuerzos para crear alianzas propias, destaca en este apartado el intento de los gobiernos de Perú, Ecuador y Chile, que culminó con la firma del «Tratado Continental» en 1856 en la capital chilena, al que se adhirieron Colombia, Guatemala, El Salvador, México, Costa Rica, Nicaragua, Honduras, Bolivia y Venezuela. A su vez, en 1864, se realizó la convocatoria del II Congreso de Lima[12].

El recelo latinoamericano estaba vinculado a los postulados de la Doctrina Monroe que en palabras de Luiz Alberto Moniz Bandeira, se «traducía en una posición exclusivamente nacional, hegemónica, aunque todavía sin amparo, pero sentando las bases del sistema de ficciones doctrinarias que justificarían, concretamente, la expansión y después el dominio del capitalismo norteamericano[13]».

En este contexto, el Congreso de los Estados Unidos creó en 1884 una comisión que se encargó de estudiar los mejores medios para estrechar las relaciones con América Latina, en especial, las relaciones comerciales. Dicha comisión recomendó al Congreso la celebración de una conferencia que tuviera como objetivo discutir y recomendar la adopción del arbitraje como instrumento obligatorio para la resolución de diferencias y para acordar los medios de incrementar las relaciones comerciales. En tal sentido, el Congreso estadounidense aprobó el 24 de mayo de 1888, una resolución instando al Ejecutivo la celebración de esta conferencia.

Incluso, después de la celebración de la Primera Conferencia Panamericana en 1889, Washington no insistió en promover una segunda cita. Como consecuencia inmediata de este primer encuentro está la creación de un escritorio de comercio para las repúblicas americanas subordinado al Departamento de Estado estadounidense —que escogía al director y cuerpo de funcionarios de dicho escritorio—, el cual tenía como función «distribuir informaciones útiles sobre el comercio, la producción y las leyes aduaneras» de los países representados[14].

Durante la Primera Conferencia Panamericana celebrada en Washington, Brasil actuó con cautela frente a las pretensiones de Washington ya que existía desconfianza hacia este tipo de iniciativas. En un principio, Brasil había coordinado con Chile su posición para rechazar de manera conjunta el principio de arbitraje de las disputas territoriales[15].

Asimismo, las instrucciones del gobierno imperial de Brasil eran lo bastante claras en función de sus intereses en

Europa y la conveniencia de conservar las estrechas relaciones con ese continente que le permitían «establecer un equilibrio exigido por la necesidad de mantener la forma actual de gobierno[16]».

Más adelante se observa un viraje de la política exterior brasileña con el advenimiento de la República en 1889. En cuanto a esa reorientación de Brasil, refiere Helder Gordim da Silveira:

«Las instrucciones del gabinete del Imperio a la delegación brasileña, llenas de reservas en cuanto al Congreso y a sus propósitos comerciales anunciados, así como la política del Departamento de Estado, son sustituidas por la recomendación expresa de Quintino Bocaiúva para que Salvador Mendonça (...) procurase desarrollar el más estrecho apoyo a la representación estadounidense, acompañado de la cooperación aparente con las repúblicas hispánicas, anunciando así en el conveniente foro multilateral, el nuevo espíritu americanista-republicano reinante en Rio de Janeiro.»[17]

De este modo y con la posterior llegada del Barón de Río Branco a la cancillería en 1902, quien pasó a apoyar activamente los postulados panamericanistas, fortalecer las relaciones con los Estados Unidos y Argentina, así como dar resolución a las disputas territoriales, Brasil apoyó cuestiones como el principio de arbitraje obligatorio. Con la llegada de la República, Brasil asume finalmente en palabras del historiador Luís Claudio Villafane su «identidad americana».

De este modo, Teresa Maya Sotomayor señala que la Primera Conferencia Panamericana de 1889:

«Constituyó un retrato de las complejas relaciones entre Estados Unidos y Latinoamérica a fines del siglo XIX. En ella se encuentran resumidas las intenciones estadounidenses de crear una unión americana y sus motivaciones, además de los problemas concretos por los que atravesaban las relaciones interamericanas. De hecho, desde el principio la reunión en Washington no recibió el apoyo de la mayoría de sus participantes, pues desde su convocatoria eran manifiestas tanto las sospechas de los países del sur respecto al coloso del norte, como las rivalidades que amenazaban con destruir las relaciones diplomáticas entre los países latinoamericanos. Dada la difícil coyuntura por la que atravesaba el continente, ciertamente resulta algo complejo entender cómo lograron reunirse los representantes de todos los países americanos en 1889[18]».

No fue sino hasta doce años después de la celebración de la Primera Conferencia Panamericana, que fue convocada en México, la Segunda Conferencia Panamericana, en el año 1901[19]. Entre las razones que llevaron a Washington a postergar un encuentro de este tipo, se encontraba el interés en evitar la crítica que pudo haber generado su política territorial en América Latina, sobre todo en Cuba y Puerto Rico a raíz de la Guerra Hispanoamericana de 1899[20].

Asimismo, a fin de ganar las simpatías de los países latinoamericanos, Estados Unidos apeló a la personalidad de Simón Bolívar para promover la Doctrina Panamericanista. En este sentido, ha habido una especie de mitificación hacia el Libertador Simón Bolívar como precursor del panamericanismo.

Desde este punto de vista podemos observar dos concepciones de unidad, una *hispanoamericanista* promovida por los ideales bolivarianos en la Gran Asamblea Americana celebrada en Panamá en 1826[21] y otra *monroísta*, expresada más adelante como panamericanista e impulsada por los Estados Unidos en 1889 con la celebración de la I Conferencia Panamericana.

Con los intentos de unión hispanoamericana, inspirados en Bolívar se observa que:

Se «marcó una tendencia a contraponer los intereses políticos y económicos de las excolonias españolas, que habían alcanzado su emancipación, con los de las excolonias inglesas de Norteamérica, que habían formado una poderosa confederación primero y después una federación dotada de una fuerte vocación expansionista[22]».

En contraposición a la anterior, el panamericanismo y sus objetivos principales dentro de la política exterior de los Estados Unidos, abarcaban los siguientes aspectos delineados por el Secretario de Estado, James Blaine[23], a saber:

1. El establecimiento de la paz y la prevención de los conflictos o futuras guerras en el continente, y,
2. La promoción de las relaciones comerciales que condujeran a un incremento de las exportaciones de los Estados Unidos en América Latina.

Para Blaine era esencial realizar el primer objetivo para poder concretar el segundo. En tal sentido, el panamericanismo para la diplomacia estadounidense se resumía en dos palabras: paz y comercio. En palabras de Teresa Maya:

«Es difícil decidir cuál fue el objetivo más importante: la paz de la región o del comercio. Por un lado, siempre pareció más fácil justificar una reunión del tipo de la conferencia mediante el argumento de que fomentaría las relaciones comerciales; después de todo, se trataba de un período en el que el liberalismo económico predominaba en los círculos más influyentes de los diferentes países. Pero por otro, las relaciones comerciales son imposibles sin una relativa estabilidad política, y la situación en ese momento era tan crítica que resulta poco probable que la preocupación por el arbitraje haya sido exclusivamente un ideal pacifista de los delegados[24]».

Así se observa que tanto el comercio como la preocupación por el arbitraje estaban indisolublemente conectados y resultaban ser parte del mismo objetivo y Blaine sabía que para fomentar las relaciones comerciales se hacía necesario garantizar la estabilidad de todo el continente.

De hecho, la evolución de estas ideas políticas relativas al panamericanismo en los Estados Unidos viene a coincidir con la génesis del imperialismo americano que «desde el fin de la Guerra de Secesión hasta el comienzo de la Primera Guerra Mundial sigue poco o más o menos la misma curva que en Inglaterra, para terminar como en Inglaterra, en el imperialismo[25]».

Incluso, desde 1820 ya existían estos intereses comerciales, que hizo más patentes Blaine a finales de siglo XIX. Dentro de sus declaraciones programáticas, el Secretario de Estado norteamericano de ese entonces, Henry Clay[26], fue uno de los partidarios más enérgicos de las tarifas proteccionistas para los artículos industriales, para así estimular la industria estadounidense.

En palabras del historiador Marat Antiasov:

«El panamericanismo y el rápido desarrollo industrial de los Estados Unidos, para Clay, estaban recíprocamente unidos, por cuanto precisamente el rápido desarrollo de la industria podía asegurar el aprovechamiento efectivo de las posibilidades que se abrían para EE. UU. en caso de que se creara la comunidad panamericana[27]».

Si bien para los industriales norteamericanos la existencia de una comunidad panamericana le abría mercados para colocar sus productos a precios preferenciales, existía resistencia por parte de los círculos esclavistas norteamericanos frente a lo que veían como una competencia desleal. Antiasov señala al respecto que:

«La creación de un sistema panamericano acompañada con la abolición de la esclavitud en América Latina podría conducir al resquebrajamiento de las bases económicas y políticas para la existencia de zonas esclavistas en los propios Estados Unidos[28]».

Dentro del arsenal ideológico de la política exterior de los Estados Unidos de aquel entonces existían concepciones que aparecerían de forma invariable dentro de los contenidos programáticos de los presidentes norteamericanos donde el panamericanismo ocupaba un lugar destacado, en confluencia con las ideas de solidaridad continental y unidad de los países del Hemisferio Occidental determinados por la «proximidad geográfica» y la llamada «interdependencia» económica, en las que Washington llevaba la batuta haciendo gala de su liderazgo «natural» en el continente[29].

En esta misma línea, el escritor Leslie Bethell subraya que el objetivo de Estados Unidos con el panamericanismo era promover el comercio y la inversión en la región, para crear estructuras políticas más ordenadas y predecibles en los países del sur, afirmar su liderazgo en la «búsqueda de la paz» en el hemisferio occidental, y al mismo tiempo desalentar las persistentes ambiciones imperialistas europeas[30].

Con respecto a lo anterior Antiasov, señala lo siguiente:

«El lugar excepcional de las ideas del panamericanismo en el sistema general de la ideología estadounidense, se explica con una serie de factores. Su desarrollo tiene una directa relación con el propio capitalismo norteamericano y con la formación y evolución del imperialismo de los EE. UU.[31]».

Los objetivos del panamericanismo fueron más retóricos que efectivos, uno de los principales problemas que obstaculizó la acción de las oficinas panamericanas fue el enfrentamiento ideológico y las reticencias justificadas de numerosos países de América Latina[32].

Entonces, ¿en qué se resumía el panamericanismo para los brasileños?

Como se ha señalado anteriormente, el panamericanismo era visto con cierto recelo por el Brasil imperial durante la celebración de la Primera Conferencia Panamericana, al llegar la República, las condiciones cambian, si bien se mantiene una línea diplomática heredada del Imperio se reevalúan los objetivos y los intereses en el Continente, Brasil deja de mirar tanto hacia Europa y fija sus objetivos en América.

Con la llegada del Barón de Río Branco a Itamaraty[33], el panamericanismo será un espacio de confluencia entre sus relaciones de vecindad y las relaciones con Washington. Para él era una expresión de multilateralismo del monroísmo tradicional como primera dimensión, que traía consigo la disposición estadounidense de defender los países del continente de incursiones europeas, en una especie de mecanismo de seguridad colectiva, por lo tanto, era en una visión de amplia participación. En una segunda dimensión del monroísmo, expresada en el Corolario Roosevelt, observaba una participación estadounidense envuelta en asuntos más difíciles como intervención interna de los Estados en momentos de inestabilidad.

A fin de calibrar la posición de Brasil con respecto al panamericanismo se hace necesario estudiar la posición de otro país importante en la escena regional sudamericana, Argentina, cuyas políticas tradicionalmente estaban en choque con las ambiciones del gigante suramericano. Para Buenos Aires era necesario «descender de las alturas abstractas» de las discusiones sobre panamericanismo para trazar una política que se inspirase en la justicia, igualdad política, territorial y de las relaciones comerciales «fundadas en una competencia abierta para todos» los países del hemisferio que participasen de este modelo de cooperación[34].

Al igual que la postura argentina, la chilena era marcadamente antimonroísta, aunque por diversos motivos. Mientras los estadounidenses abogaban por el arbitraje obligatorio, los chilenos veían con recelo esas propuestas, ya que estaban frescos los pleitos con sus vecinos de Bolivia y Perú. A su vez México, tentada por los Estados Unidos a ejercer un papel de guía y compartir la promoción de los postulados panamericanistas, adoptó una postura cautelosa con relación al tema.

Como ya se ha señalado, Brasil era más optimista frente a las pretensiones panamericanistas que Argentina, Chile y México. No obstante, el optimismo brasileño estaba lejos de ser ingenuo, siendo más bien calculado. Si bien en los discursos oficiales de las más altas autoridades brasileñas encontramos altas expresiones de coincidencia y buena voluntad, y un vocabulario diplomático «complaciente» a las aspiraciones estadounidenses, tenemos que el Brasil ganaba y mucho con la alianza con Estados Unidos en el marco del panamericanismo, la cancillería brasileña defendía la celebración de las Conferencias Panamericanas pues a su juicio perseguían expresar de manera colectiva lo que los países tenían como unánime y por lo tanto facilitaban a su juicio las relaciones políticas y comerciales.

Así como Estados Unidos quería expandir su comercio, Brasil se encontraba interesado en vender sus materias primas en otros mercados y diversificar los socios comerciales para reducir la dependencia económica de Europa, creando en cierta manera una dependencia del gigante del norte. De este modo, la diplomacia estadounidense pretendió cambiar los esquemas clásicos a la hora de marcar su presencia en América Latina, buscando establecer zonas de influencia[35] y encontró en Brasil a un aliado ideal.

PANAMERICANISMO, DOCTRINA MONROE Y COROLARIO ROOSEVELT

Si bien la Doctrina Monroe era una política nacional de los Estados Unidos, esta se complementaba perfectamente con el panamericanismo como política exterior hacia las Américas, sus fines eran idénticos y por lo tanto poseían una orientación común, la primera con un aspecto unilateral y la segunda multilateral, que consistía en que los Estados Unidos tenían que mantener una hegemonía continental. Mientras que la Doctrina Monroe no revelaba las vías concretas para establecer dicha hegemonía, el panamericanismo si lo hacía. Brasil a su modo supo aprovechar la coyuntura realizando una alianza con Washington.

El panamericanismo fue en cierta forma «una proyección de los principios de la Doctrina Monroe, pero no como una mera actitud defensiva frente a Europa sino como una dinámica intervencionista hacia los países americanos[36]».

La Doctrina Monroe, como principio tradicional de la política exterior estadounidense sufrió transformaciones, con las nuevas condiciones en el escenario internacional y al emerger los Estados Unidos como potencia, la doctrina se redefinió en su contenido.

A propósito del problema de la deuda que afectaba a varios países latinoamericanos y el presidente de los Estados Unidos, Theodore Roosevelt proclamó el 06 de diciembre de 1904, el llamado Corolario que lleva su nombre, en el que se planteó el derecho general de intervención de los Estados Unidos en el hemisferio occidental en todos los casos en que las «cosas no se hagan bien», señalando que:

«No es verdad que Estados Unidos sienta hambre de tierras (...) Todo lo que este país desea es ver a sus vecinos estables (...) Cualquier país en el que su gente se conduzca bien, puede contar con nuestra profunda Amistad (...) Pero los comportamientos incorrectos crónicos (...) Pueden requerir en América o en algún otro lugar, la intervención de alguna nación civilizada, y en el Hemisferio Occidental el apego de los Estados Unidos a la Doctrina Monroe puede forzarlos (...) a ejercer un poder internacional policial».[37]

Se observa entonces como el concepto de protección al hemisferio contra agresiones externas desarrollado por la Doctrina Monroe fue reelaborado con el Corolario Roosevelt, erigiendo a los Estados Unidos como gendarmes de los intereses europeos en América Latina, con la tarea auto otorgada de dirigir a los pueblos «menos competentes», una asignación marcada no solo por razones económicas y geopolíticas sino también para aumentar su prestigio internacional. De este modo, los Estados Unidos asumían una posición activa mediante el ejercicio de un papel tutelar sobre las creencias de su superioridad.

Helder Gordim da Silveira afirma que con el corolario se venía a explicitar el «sentido, no de un acto aislado, sino de una práctica permanente, que como tal concretizaba el Nuevo Destino Manifiesto[38]».

En este orden de ideas, Gordim da Silveira, resume la redefinición del Corolario Roosevelt de la siguiente manera:

Se «trataba esencialmente de adaptar los términos de la doctrina de 1823 a un nuevo contexto, en el cual Estados Unidos pasaban a efectuar, en relación al continente, una serie articulada de intereses económicos, culturales y estratégicos, los cuales colocaban en nuevo aterrizaje la necesidad de utilización directa de fuerza militar y de presión política, comercial y financiera.»[39]

En virtud de la inédita claridad con la que se manifestó la Doctrina Monroe con Roosevelt a la cabeza del gobierno norteamericano y el carácter injerencista de su política exterior, en la opinión pública latinoamericana la política de Washington era percibida con mucho recelo.

A este tenor, destacan los versos del poeta nicaragüense Rubén Darío, escritos en 1905 y dirigidos al presidente Roosevelt:

> *Eres los Estados Unidos,*
> *eres el futuro invasor*
> *de la América ingenua que tiene sangre indígena,*
> *que aún reza a Jesucristo y aún habla en español*[40].

A todo esto, Brasil se distanció de las posiciones anti estadounidenses y percibió positivamente la nueva orientación de la Casa Blanca, recuérdese que dentro de la élite gobernante brasileña no existía una identificación política con de los demás países latinoamericanos[41], sumado a esto encontramos factores políticos y comerciales que redefinirán la política exterior brasileña para encajarla con el nuevo contexto hemisférico y aproximarla aún más a Washington.

Así, en la concepción brasileña había dos gigantes en el hemisferio, aunque desiguales, estos eran sin duda, los Estados Unidos y Brasil, ambos con dimensiones continentales, enormes recursos naturales, potencial económico, sistemas políticos estables y diferentes sobre todo de la América Española[42].

En este contexto, para la historiadora mexicana Diana Corzo González, el Corolario Roosevelt se originó ante una serie de circunstancias. La primera, el recelo estadounidense respecto a que Alemania apoyara proyectos promovidos por algunos pangermanistas en la zona del Caribe; la segunda, el bloqueo contra Venezuela entre 1902 y 1903, a fin de que el presidente Cipriano Castro cumpliera con el pago de sus deudas; y la tercera, las agitaciones en Centroamérica, especialmente en Guatemala contra el presidente Manuel Estrada Cabrera[43].

De esta manera, inspirada en las ideas básicas de la Doctrina Monroe, como ya se ha mencionado anteriormente, el Corolario Roosevelt dio inicio a una nueva política de Estados Unidos hacia América Latina, por demás activa en la que Washington buscó establecer lazos especiales no solo con Brasil e hizo lo propio con México.

En tal sentido, la Secretaría de Estado estadounidense realizó un planteamiento a la representación diplomática mexicana en Washington a fin de que se pronunciaran de manera favorable a la nueva interpretación de la Doctrina Monroe.

En palabras de Diana Corzo González:

«El papel que el presidente Roosevelt asignaba a México, de promotor de la Doctrina Monroe junto con Brasil, le ayudaría a eliminar las resistencias latinoamericanas ante la nueva actitud que promovió para su país hacia el continente; pero la propuesta no fue percibida así por el gobierno mexicano, sino como un compromiso que implicaba conflicto[44].»

Como se ha mencionado con anterioridad, en América Latina ya existía recelo con relación a las políticas adelantadas por los Estados Unidos, en este marco, Corzo González resalta tres alternativas latinoamericanas que se opusieron a las directrices desplegadas por Washington entre fines del siglo XXI y principios del XX.

La primera alternativa; conocida como la Doctrina Calvo, se manejó entre 1868 y 1896, esta abogaba por la soberanía nacional y la aplicación de tratamiento nacional a los extranjeros y a sus intereses. La segunda, la Doctrina Díaz, fuc llamada así por un mensaje del presidente mexicano por el problema de límites entre Venezuela y Guyana británica en 1895, en el que manifestó su oposición al papel de Estados Unidos como defensor del continente ante las invasiones europeas. La tercera alternativa, fue la Doctrina Drago de 1902, ampliamente conocida en Venezuela a causa del bloqueo a nuestras costas, esta afirmaba que las deudas contraídas por una nación con otra no debían ser cobradas mediante el uso de la fuerza[45].

Si bien la intervención de Washington evitó en cierta forma que las potencias europeas no interviniesen directamente en el continente americano, no constituyó de manera alguna solución para el problema de la deuda con diversos países de Europa que aquejaba a la región. Para atacar ese problema, Estados Unidos obligó a la República Dominicana[46], Haití, Nicaragua y Honduras a que aceptaran receptores de aduanas norteamericanos que se encargarían de la administración de estas. Según Robert Pastor, «si se pagaba el servicio de la deuda de una nación, esta se mantenía solvente, pero con ello no se fomentaba su desarrollo económico ni se garantizaba la estabilidad política[47]».

Así se observa cómo bajo las presidencias de William McKinley (1896-1901), Theodore Roosevelt (1901-1909) y William Taft (1909-1913) arrancó la primera fase del imperialismo norteamericano asociados respectivamente a la Guerra Hispanoamericana, la diplomacia del *big stick* o gran garrote (que sobrevivió al propio Roosevelt) y la diplomacia del dólar.

La política de Roosevelt fue criticada por apoyarse en la fuerza y por no resolver los problemas subyacentes de la región[48]. El Encargado de Negocios de Venezuela en Washington, Nicolás Veloz Goiticoa, señaló en una de sus comunicaciones a la Cancillería venezolana el descontento de algunos sectores, refiriéndose específicamente a las declaraciones del Senador por Maryland, de apellido Rayner en las que critica las políticas llevadas a cabo por Roosevelt. La nota verbal señalaba que:

«El senador dijo que él creía en la Doctrina Monroe, la antigua y la genuina, y no en la edición revisada de ahora. Sus autores jamás la reconocerían (...) nunca ha sido la intención de los Estados Unidos de asumir un protectorado político o financiero sobre las islas del Mar Caribe o las repúblicas latinas[49].»

Las consecuencias de la Doctrina Monroe y del Corolario Roosevelt produjeron naturalmente una fuerte impresión en todo el Continente, y no solo en el ámbito diplomático. Más allá de las fronteras del continente americano causó revuelo un escrito publicado en Londres y que fue ampliamente divulgado en los círculos intelectuales de las naciones del nuevo mundo, este se titulaba Monroísmo Suramericano, y su autor hasta el día de hoy es desconocido.

El escrito causó una gran sensación, pues bien, lo que llama poderosamente la atención de este impreso no son precisamente las críticas desplegadas contra Estados Unidos y su política imperialista, sino que desarrolla una tesis en la que afirma que, para contrarrestar al imperialismo anglosajón, es menester que se desarrolle entre los países de las naciones suramericanas de entonces un Imperio Austral, que forme una verdadera y poderosa confederación. Dunshee de Abranches cita a este autor anónimo:

«Están diez naciones secundarias donde debería haber una grande. La historia está siendo repetida una vez más. La América del Sur se parece a la Antigua Grecia, los Estados Unidos son Macedonia. En Grecia fue la desunión la que la debilitó. La América del Sur está debilitada por la división, siendo víctima de acreedores externos que la avasallan y la llevan acorralada.[50]».

Capítulo 2.

Personalidad política del barón de Río Branco y la articulación de Brasil al sistema internacional

Mucho se ha escrito sobre la figura de Río Branco y de los avances de su labor como acción constitutiva de la Cancillería brasileña, sin embargo, ha habido una especie de simplificación y reduccionismo en la historiografía sobre su actuación como canciller, centrada principalmente en el elemento territorial de su gestión. Río Branco es un personaje fundamental para la diplomacia brasileña, incluso, hoy en día, todos los diplomáticos brasileños son seleccionados después de un riguroso examen en el Instituto que lleva su nombre. Como canciller, Río Branco le dio importancia de primer orden a la reestructuración interna del Ministerio de Asuntos Exteriores del Brasil y en forma significativa, redimensionó la acción exterior de su país.

A su vez, hay muy pocos estudios sobre el panamericanismo y Brasil, la mayor parte de las investigaciones que se han realizado solo toman como partida a figuras emblemáticas de la política exterior de la época como Joaquim Nabuco y Manuel Oliveira Lima; dejando en la sombra a componentes menos obvios a primera vista, lo cual impide que se capte la unidad y la coherencia interior de la política exterior brasileña en sus diversos elementos.

Semblanza histórica de la personalidad política del Barón de Río Branco

Su personalidad dominante se destacaba de la colectividad para fundirse en la entidad abstracta a la que él, tan bien y tan eficazmente, sirvió toda la vida, al punto de, sin guerras, exclusivamente por los medios pacíficos de la negociación y el arbitraje, haber aumentado tan considerablemente la superficie nacional lo que a poquísimos personajes históricos, a un resumidísimo número de privilegiados, le ha sido dado.

Retrato que hace el historiador Manuel de Oliveira Lima sobre el Barón de Río Branco.

Sus inicios como diplomático y su influencia monárquica

José María da Silva Paranhos Júnior, Barón de Río Branco pertenecía a una familia de linaje, pero sin peculio de la aristocracia imperial de Bahía. De hecho, su padre, el

Vizconde de Río Branco, fue Jefe de Gabinete de Pedro II durante cuatro años. El Barón de Río Branco arrastraba así una visión liberal en lo económico mientras mantenía un carácter conservador y monárquico en lo político. Ricupero afirma al respecto que:

«A pesar de haber servido a la República, el Barón nunca dejó de ser monárquico; antes de ser ministro, se perfeccionó en más de veinte años en funciones consulares o diplomáticas. Más de una vez, el Barón escribió que había aprendido a tratar las cuestiones diplomáticas en el salón de su casa, donde el Vizconde recibía a los diplomáticos extranjeros y a los altos funcionarios del imperio.[51]»

Antes de llegar a la Cancillería brasileña, José María da Silva Paranhos Junior fue diputado por el Mato Grosso y luego obtuvo del Presidente del Consejo de Ministros, el Marqués de Caxias, su nombramiento como Cónsul General en Liverpool en 1876.

Su ascenso como Ministro de Relaciones Exteriores se enclava en una interesante coyuntura como lo fue el inicio del siglo XX, época en la que el expansionismo norteamericano iniciaba su auge. El presidente Francisco Rodrigues Alves lo nombró Ministro de Asuntos Extranjeros en 1902, dada su enorme popularidad y por su actividad como diplomático en la resolución positiva de resonantes conflictos que tenía Brasil. Igualmente, Rodrigues Alves le dio libertad de acción para que formulara una política exterior de Estado por encima del Gran Partido Republicano (PR) que controlaba la política nacional[52]. El Barón formó parte -hasta su muerte en 1912- del Gabinete de los presidentes Rodrigues Alves (1902-1906), Alfonso Pena (1906-1909), Nilo Peçanha (1909-1910) y Hermes da Fonseca (1910-1914).

Así se inicia su recorrido en el palacio de Itamaraty, durante diez años fue el responsable y el mentor de la política internacional de Brasil, «Río Branco llamó para sí la tarea difícil, pesada, de corregir los errores del pasado y crear una situación y de prestigio[53]» para Brasil.

Su contemporáneo, el Ministro Plenipotenciario de Paraguay en Brasil, Juansilvano Godoi[54] señalaba sobre el modus vivendi de Río Branco:

«Vive oficialmente en un palacio, en Itamaraty, con una biblioteca de cincuenta mil volúmenes y una copiosa y riquísima colección cartográfica. (...) Sus costumbres, sin embargo, y el régimen a que ha sometido su vida, son de rigurosa austeridad[55]»

Esto da cuenta de su apego a la Institución y a la dedicación a su trabajo, vale destacar que hasta sus adversarios dentro y fuera de Brasil reconocían su labor como Canciller.

FUNDAMENTOS DE LA POLÍTICA EXTERIOR DE RÍO BRANCO Y LA NUEVA ARTICULACIÓN AL SISTEMA INTERNACIONAL

Es importante mencionar que, bajo el concepto de política exterior, entendido como las líneas de conducta aplicadas por un país para alcanzar sus objetivos en el contexto internacional[56], en el Brasil de Río Branco se observan los siguientes principios o fundamentos: el profesionalismo, la estabilidad, el carácter principista, el pragmatismo y la autonomía de reflexión. En este sentido, Amado Luiz Cervo y Clodoaldo Bueno señalan como las grandes líneas de la diplomacia en ese período: la búsqueda de una supremacía compartida en el área sudamericana, restauración del prestigio internacional del país, intangibilidad de su soberanía, defensa de la agroexportación y, sobre todo, la solución del problema de los linderos. Igualmente, advierten que en el período en cuestión el Ministerio de Relaciones Exteriores brasileño tenía, en la práctica, autonomía de acción.

En este contexto, es importante subrayar el estilo del canciller Río Branco con relación al tratamiento dado a la opinión pública brasileña de la época, él buscaba el consenso interno en materia internacional y para eso se valía de la propaganda a fin de «esclarecer a la opinión pública y aumentar la autoridad de la política exterior brasileña[57]». De ese modo, la política exterior brasileña debe ser atribuida casi únicamente a la acción del Barón de Río Branco, que, desde su posesión, disfrutó de un lugar en el

Poder Ejecutivo. La continuidad de la política exterior fue independiente de los cambios presidenciales[58].

Río Branco es una figura indiscutible en la historia del Brasil y su legado es una muestra del sentido de política de Estado que tiene la diplomacia brasileña, la cual es sinónimo de consenso, análisis y debate. Su visión ha sido determinante para la continuidad de los lineamientos en materia de política exterior, muy bien preservados en medio de las más diversas coyunturas.

Tal como lo afirma E. Bradford Burns en uno de los capítulos de su libro *A history of Brazil*, con Río Branco a la cabeza se trató del «Triunfo de la Diplomacia» de esa época, próspero y pacífico en casa, Brasil por vez primera en varias décadas pudo prestar su completa atención a asuntos internacionales y concentrar su energía en la formación y ejecución de una política exterior constructiva.

Asimismo, para abordar el tema de las relaciones exteriores de Brasil es preciso repasar una de las visiones más globales del asunto, como la del analista Sergio Corrêa da Costa, quien propone cuatro grandes fases para identificar el proceso de ascenso del Brasil.

La primera que él dicta como «imperial o de expansión» caracterizada por un conflicto con la realidad geográfica heredada del Tratado de Tordesillas de 1492 y se extiende hasta la Comisión Preliminar de Paz entre el Imperio del Brasil y las Provincias Unidas del Río de la Plata, con la mediación inglesa y firmada en 1828. Durante esos cuatro siglos se asistía a un «imperialismo geográfico». La segunda fase sería «nacional y de consolidación» con la necesidad de defender política y militarmente lo obtenido, de 1828 hasta la llegada de Río Branco a la cancillería. La tercera fase definida como «interamericana o de integración a la comunidad continental» en el que se buscaría superar las reticencias o prevenciones que había en el continente con relación a Brasil. Y finalmente una cuarta fase que aún hoy asistimos, que comenzó con la integración continental a la búsqueda de una proyección política a nivel mundial, esta última por demás vigente hoy en día.

Un prestigio internacional extracontinental resultado de un trabajo adelantado cuidadosamente a principios del siglo XX, en palabras de Werneck Da Silva: la Cancillería de Río Branco fue al mismo tiempo «punto de llegada y punto de partida» en el que emerge «un gran divisor de aguas de nuestra política externa».[59]

Partiendo de una concepción en la que Brasil ocupaba un espacio diferenciado del grupo de repúblicas latinoamericanas[60], Río Branco buscaba ejercer un papel de liderazgo en la región.

LA CUESTIÓN DE LAS FRONTERAS

Brasil nada tiene que hacer en la vida interna de las naciones vecinas (...).
Su interés político está en otra parte. Brasil entró resueltamente en la esfera de las grandes amistades internacionales, las que tienen derecho por la aspiración de su cultura, por el prestigio de su grandeza territorial y por la fuerza de su población.

Barón de Rio Branco

Las fronteras configuraban a inicio de la República un problema prioritario de la política exterior brasileña y a comienzos del siglo XX seguía manteniéndose como un tema fundamental de su diplomacia. Río Branco logró a través de medios pacíficos una considerable expansión territorial del Brasil, gracias al profundo conocimiento que tenía sobre la historia y los problemas fronterizos de su país.

Durante la gestión de Río Branco, Brasil definió cuestiones de límites con varios países, entre ellos Bolivia (1903), Ecuador (1904), Holanda (Guyana Holandesa, 1906), Colombia (1907), Uruguay (1909) y Perú (1909). De hecho, su principal tarea diplomática fue delimitar por medios pacíficos, negociaciones o arbitrajes, las fronteras con once vecinos, tres de los cuales eran grandes potencias europeas de la era del apogeo del imperialismo del Viejo Continente, Gran Bretaña, Francia y Holanda, soberanas de las Guayanas.

De este modo, durante los casi diez años que duró su misión, el Barón resolvió sistemáticamente y en definitivo casi todas las cuestiones de fronteras, causa de debate y conflicto durante cuatro siglos, el resultado más obvio de este establecimiento fue la adición para Brasil de aproximadamente 342.000 millas cuadradas de territorio, un área mayor en tamaño que Francia[61].

La definición de fronteras seguras y reconocidas le permitió a Brasil enfocarse en otros asuntos de interés nacional, tal como Ricupeiro señala «delimitar el territorio es el primer acto de inserción del país en el mundo[62]» y así se generó una definición de espacio internacional del Brasil, que posibilitó mayores redes de integración.

Según Ricupeiro, la política exterior brasileña estaba orientada por tres principios básicos en materia territorial: el primero, que los tratados coloniales entre España y Portugal no pasaban de indicación genérica donde no hubiese ocupación efectiva contraria, ya que su naturaleza provisoria había sido demostrada por la falta de demarcación o por la anulación por eventos posteriores. El segundo, el *utis possidetis*, es decir, la ocupación efectiva con títulos o sin ellos. El tercer y último principio, como criterio metodológico, el Barón se negó a embarcarse en negociaciones multilaterales de fronteras, como una negociación colectiva con los herederos hispánicos[63].

Para autores como Corrêa da Costa, la expansión de Brasil está vinculada a un Destino Manifiesto similar al americano, aparecido en la llamada fase de «imperialismo geográfico» lusobrasileño, anteriormente mencionado y caracterizado por la expansión de la costa atlántica y en las direcciones noroeste, suroeste y sur.

A pesar de ese «imperialismo geográfico» Río Branco llego a ceder de forma unilateral territorios en disputa con Uruguay, para algunos autores como Clodoaldo Bueno «una concesión que no dejó de ser un acto calculado para aumentar el prestigio brasileño en la Plata». Siete años después de ese gesto, Río Branco le escribía a su Embajador en Estados Unidos, Joaquim Nabuco, lo siguiente: «Con Uruguay, nuestras relaciones son excelentes y es inmenso el prestigio de Brasil en ese país después de la concesión que espontáneamente les hiciéramos.»[64]

Asimismo, la estrecha relación de Brasil con los Estados Unidos ofrecía ventajas substanciales con relación a la obtención de resultados favorables en disputas limítrofes. El profesor Alejandro Mendible señala al respecto que:

«El Canciller Río Branco, durante su gestión de 1902 a 1912, en principio establece una alianza tácita con Estados Unidos que da márgenes para que Brasil se anexe el territorio del Acre y se convierta en una potencia amazónica. Mediante el empleo de un arbitraje favorable y con mucha habilidad logra establecer 15.719 kms de fronteras.»[65]

De este modo, Río Branco veía en Washington un actor capaz de neutralizar eventuales intervenciones y reforzar la posición brasileña en las negociaciones destinadas a solucionar los asuntos de fronteras aún pendientes.

En este marco, la Cuestión del Acre merece especial atención y fue el primer problema a ser abordado por el canciller brasileño en cuestión de límites. El Acre ubicado en territorio amazónico era un tema especialmente sensible en virtud de los intereses geoestratégicos involucrados en aquella región: los gobiernos de Brasil y Bolivia, así como el Bolivian Syndicate, sociedad angloestadounidense, que perseguía arrendar la totalidad del Acre a Bolivia para explotarlo de manera privada.

Desde el punto de vista jurídico, todo el territorio del Acre pertenecía a Bolivia pero *de facto* era dependiente geográficamente de Brasil y su acceso estaba facilitado por las vías fluviales del Amazonas, lo cual representaba una «fatalidad geográfica[66]» que separaba de manera irremediable a Bolivia del Acre. De este modo, este último fue poblado y explorado por los brasileños. Alfonso Arinos de Melo señala que en ese sentido «el gran arma política y jurídica que tenía Brasil era el dominio de la navegación del río Amazonas, camino forzado del flujo de producción del Acre[67]».

Río Branco, con la autorización del presidente Rodrigues Alves, propuso a fines de 1902, la compra de este territorio, propuesta rechazada por el gobierno boliviano. En enero de 1903, una representación del Bolivian Syndicate llegó a la ciudad brasileña de Manaos coincidiendo con la llegada de una expedición militar boliviana a la región en disputa, la misma estaba comandada en persona por el presidente de Bolivia, el General José Manuel Pando. Ese mismo mes, Río Branco le escribe a la Legación brasileña en Lisboa que:

«Propusimos comprar el territorio del Acre atravesado por el paralelo de diez grados y veinte minutos para que nos entendamos con el Bolivian Syndicate. Después propusimos un intercambio de territorios. El Gobierno boliviano para nada ha querido responder. El presidente Pando marchará con el fin de someter a los brasileños del Acre. En consecuencia de eso, nuestro Presidente resolvió concentrar tropas en los estados de Mato Grosso y Amazonas.»[68]

A pesar de contar con la ventaja del Amazonas, existían tremendas dificultades que requerían de métodos políticos y diplomáticos para ser resueltas, de este modo, el problema del Acre no era susceptible de ser resuelto con títulos o acuerdos de carácter histórico o jurídico. Brasil se enfrentaba a tres adversarios, el gobierno de Bolivia, el del Perú y también el Bolivian Syndicate, que a su vez trató de movilizar a los gobiernos de origen de sus representantes, que incluían a nacionales británicos y norteamericanos. Steven C. Topik subraya el «carácter decidido» de Río Branco con relación su la actuación en la cuestión del Acre, dado que en el Bolivian Syndicate estaba involucrado un primo de Theodore Roosevelt, que estaba también asociado a la U.S. Rubber Company, el fabricante más importante de caucho del mundo. A pesar de lo anterior y ante las sospechas de presencia extranjera en la Amazonia, el canciller brasileño recomendó a la Marina bloquear la entrada al río Amazonas.

La negociación culminó con el Tratado de Petrópolis, que consistió en un intercambio de territorios y un pago compensatorio de Brasil a Bolivia. Dicho de otro modo, «se pagó para adquirir derechos que no se poseían o cuya posesión era discutible»[69]. De esta manera, Brasil incorporó a su territorio 190.000 km² de territorio de población brasileña, mientras que cedió a Bolivia 3.000 km², a su vez pagó 2 millones de libras como compensación por el intercambio desigual. En tal sentido, el Tratado de Petrópolis señala de manera expresa en su Artículo III que:

«Artículo III. Por no haber equivalencias en las áreas de los territorios permutados entre las dos naciones, los Estados Unidos del Brasil pagarán una indemnización de £ 2.000.000 (dos millones de libras esterlinas), que la República de Bolivia acepta con el propósito de aplicar principalmente en la construcción de ferrocarriles y en otras obras tendientes a mejorar las comunicaciones y desarrollar el comercio entre los dos países[70].»

Autores como Ricupeiro resaltan que el Tratado de Petrópolis fue considerado como el «más importante de todos los ajustes diplomáticos del Brasil desde su Independencia[71]».

El investigador chileno Cristián Garay Vera, a través de su artículo «El Acre y los "Asuntos del Pacífico": Bolivia, Brasil, Chile y Estados Unidos, 1898-1909», sitúa el problema del Acre en un contexto multilateral, al reconocer la vigencia del equilibrio de poder como parte del razonamiento de la conducción de las políticas exteriores. Según este autor, «la maniobra boliviana de configurar una concesión a inversionistas estadounidenses, británicos y franceses, que fue interpretada por Brasil como una maniobra imperialista de Estados Unidos[72].

Pues bien, ¿qué implicaciones traía la presencia de un sindicato cuyos accionistas eran actores extrarregionales? Muchas, de hecho, la mayor amenaza para Brasil era la presencia del Bolivian Syndicate en la Amazonia y la transferencia de soberanía por parte de Bolivia al mismo. De esta manera, Brasil se acercó a Chile, y afrontaron juntos los problemas del Acre, a cambio del apoyo brasileño en las negociaciones relativas a Antofagasta. El artículo de Garay Vera postula que Bolivia procedió de esta forma para impedir el avance brasileño, peruano y paraguayo sobre sus fronteras, y que la búsqueda del paraguas estadounidense fue una idea que Bolivia gestó para compensar el desequilibrio de poder.

A finales del siglo XIX e inicios del siglo XX se estaba produciendo un cambio en el equilibrio de poder mundial, en este contexto, los Estados Unidos emergió como una nación con un considerable poder político y un nada desdeñable crecimiento económico. Paul Kennedy destaca al respecto que «los Estados Unidos parecían tener todas las ventajas económicas que algunas de las otras potencias poseían en parte, pero ninguna de sus desventajas[73]».

En este orden de ideas, Río Branco se desenvuelve en un ambiente político que tenía como uno de sus principales componentes una intima aproximación a los Estados Unidos. Tal aproximación no significó un alineamiento automático y sirvió a los propósitos políticos del canciller en el plano subregional. Fue un momento decisivo de un proceso que, más tarde llevaría a Brasil a integrarse en el subsistema liderado por los Estados Unidos. Asimismo, la relación brasileño-estadounidense y su estrechamiento durante la gestión del Barón atendían a los intereses de las oligarquías dominantes del sistema político brasileño. Tânia Pechir Gomes señala que la aproximación comercial y política con los Estados Unidos tenía como propósito adecuarse a las demandas de la élite cafetalera y al mismo tiempo, granjearle a Brasil un papel de prestigio en el escenario internacional[74]. La autora afirma también que, en busca de amistades pragmáticas, Río Branco apoyó la Doctrina Monroe[75], a pesar de las manifestaciones de recelo en la opinión pública de su país, parte de la opinión pública nacional era contraria a la actuación de Río Branco en ese sentido, alegando que la Doctrina Monroe nada más era una aplicación disfrazada del imperialismo norteamericano, de esta manera evidenció su hábil manejo al momento de sortear dificultades en lo interno de su país.

Estados Unidos era el más importante mercado consumidor para el Brasil, asimismo, la «amistad» de Brasil convenía a Washington en virtud de la estrecha relación que mantenía

Argentina con Gran Bretaña. De allí surge la conocida ampliamente como «alianza no escrita» término acuñado por el estadounidense E. Bradford Burns. La economía brasileña dependía de las exportaciones a los Estados Unidos del mismo modo que, en esa época, Argentina se organizaba alrededor de sus ventas de carne y trigo a Gran Bretaña. Esta es, sin duda, una de las bases objetivas para la reformulación de las alianzas internacionales de Brasil[76].

Alejandro Mendible señala al respecto que:

«El cambio de régimen en Brasil hacia el sistema republicano buscó una reorientación de sus relaciones hemisféricas reconociendo en el orden económico la importancia de los Estados Unidos, pero a la vez cambiando el patrón de sus relaciones con los países latinoamericanos más próximos, especialmente con Argentina[77]».

A inicios del siglo XX, Brasil se encontraba en una situación bastante desfavorable con relación a los Estados Unidos con un acentuado desequilibrio en las relaciones de intercambio comercial ya que los norteamericanos dominaban el comercio con Brasil en el sector de las exportaciones, al monopolizar el mercado del café[78]. Para invertir esta tendencia el presidente Francisco de Paula Rodrigues Alves anunció un 20% de reducción arancelaria para la importación de algunos productos de Estados Unidos. El Artículo 1 del Decreto de reducción de las tarifas a los productos norteamericanos señalaba que:

«Artículo 1. Dentro del vigente ejercicio, a partir del 20 del corriente mes hasta el 31 de diciembre, gozarán de una reducción de 20% en los derechos de importación para consumo, los siguientes artículos de producción de los Estados Unidos de América del Norte que tienen entrada en Brasil:

Harina de trigo;
Leche condensada;
Manufacturas de caucho,

Relojes,
Tintas, excepto tintas para escribir,
Barnices.[79]»

La medida no fue vista con buenos ojos por los incipientes sectores industriales brasileños y finalmente no tuvo éxito. A pesar de estas desavenencias, Brasil atravesaba en aquel momento, una fase de progreso, bajo el impacto de los capitales que las potencias industriales, como Inglaterra, comenzaban a exportar. Los avances de la tecnología y de la ciencia, promovidos en los Estados Unidos, por el capitalismo contribuyeron decisivamente, para la renovación de Río de Janeiro y San Pablo.

En este orden de ideas, para Río Branco los Estados Unidos representaba la potencia dominante en el hemisferio. Igualmente, Washington constituía un actor neutralizador ante eventuales intervenciones europeas y una ayuda para la posición del Brasil en las negociaciones destinadas a solucionar los problemas de fronteras que aún estaban por resolver[80].

Sin embargo, coherente con el pragmatismo en el que se basaban sus acciones, el canciller no descartó las relaciones con Europa pues sabía que una gran parte de la opinión pública nacional estaba ligada a la idea de los lazos tradicionales con los países europeos, y su concepción de interés nacional no estaba solo relacionada a los intereses de la élite cafetalera sino también a los intereses de la recién surgida clase industrial.

Según Oswaldo Aranha, canciller brasileño a comienzos de la Segunda Guerra Mundial, la herencia del Barón de Río Branco fue «el constante apoyo de Brasil a Estados Unidos en las cuestiones mundiales, a cambio del respaldo norteamericano al desarrollo de la economía y de los intereses políticos brasileños en América del Sur[81]».

En un mensaje dirigido al Congreso Nacional, el Presidente Rodrigues Alves señaló a propósito del intercambio de Embajadas entre Brasil y Estados Unidos que:

«La rapidez con que se hizo la creación simultánea de las dos Embajadas muestra bien la mutua estima que existe entre los dos Gobiernos y la buena voluntad con que el

Gobierno y el pueblo de los Estados Unidos de América corresponden a nuestra antigua y leal amistad.[82]»

El historiador brasileño Boris Fausto afirma que la política de Río Branco, contando con la eficaz acción de Joaquín Nabuco, Embajador brasileño en Washington, no constituyó un alineamiento automático con los Estados Unidos, sino en una fuerte aproximación que garantizase a Brasil la condición de primera potencia sudamericana[83]. En palabras de Burns, «Brasil transmitía a los países de la América Española la suficiente impresión de intimidad con los Estados Unidos para ser capaz de interpretar su política y a los Estados Unidos de ser indispensable para preparar a América hispánica para recibir y hasta aceptar sus políticas. Ambos papeles aumentaban el prestigio del Brasil[84]».

La política del ABC: Argentina, Brasil y Chile

La política exterior del Brasil durante la gestión de Río Branco no se agota en la aproximación de Itamaraty con Washington. El otro eje central en el giro dado por Río Branco en sus primeros años de gestión en el Ministerio de Relaciones Exteriores fue la consolidación de las relaciones diplomáticas de su país con Argentina, y con el otro país que armonizaba en desarrollo político y económico con el suyo y con el cual no tenía fronteras, Chile[85].

A esto se le llamó eufónicamente ABC, por las iniciales de los tres países en cuestión. Su aspiración llegó a ser consustanciada en un proyecto de cordial inteligencia, que no fue concretizado en el período en el que Río Branco ocupó la cartera de Exteriores.

La aproximación entre Argentina, Brasil y Chile bajo los términos que Río Branco concebía, no significaba la creación de un contrapeso a la influencia estadounidense, el ABC sería para actuar de acuerdo con el gobierno de Washington, en una especie de condominio oligárquico de naciones[86]. De hecho, se trataba de un complemento a la «alianza no escrita» con Washington.

En la concepción de Río Branco hay que destacar que consideraba al Brasil como diferente de América Latina buscando incluso diferenciarse de las naciones vecinas identificadas generalmente con crisis políticas e insolvencia financiera. Asimismo, dentro de la opinión pública latinoamericana, especialmente en la Argentina, la desconfianza con relación a las políticas brasileñas eran crecientes ya que seguían representando los intereses expansionistas e imperialistas de su pasado.

A pesar de la marcada diferenciación entre Brasil y el espacio latinoamericano, esta no implicaba un aislamiento, sino más bien una búsqueda para ejercer un liderazgo en el sur del continente. A juicio de Río Branco, la mejor manera de garantizar la estabilidad regional era a través de una necesaria protección de las distintas soberanías nacionales, ya que los conflictos internos en las repúblicas latinoamericanas ponían en riesgo el progreso general de la región, aumentando su descrédito en el escenario mundial.

En función del carácter pragmático de su política, el canciller brasileño estaba consciente de que debía compartir ese papel rector con Argentina y Chile, definido por Clodoaldo Bueno como el «ejercicio de una influencia compartida» lo cual mantendría el equilibrio regional en el Cono Sur asentada en una concepción de oligarquía de naciones. Brasil al aproximarse a las principales naciones del segmento sur del continente, buscaba también, aislar fuerzas e impedir que cualquiera de ellas viniera a ejercer un liderazgo o jugar su influencia a favor de otras repúblicas de habla española que tenían riñas con Brasil.[87]

Dicha aproximación era una aspiración del canciller manifestada en los primeros años de su gestión, la misma provocó recelos por parte del gobierno peruano, pues tal alianza podría ponerlos en desventaja en sus conflictos limítrofes con Chile por la cuestión de Tacna Arica.

Dentro de la visión pragmática de Río Branco, la historiografía brasileña destaca el hecho de que este cultivaba las relaciones con todas las naciones del continente sin excluir la necesidad de aumentar su armamento, no solo por cuestiones de defensa sino de prestigio internacional. Con relación a las suspicacias peruanas, el canciller brasileño manifestó en una nota dirigida al Secretario de Estado norteamericano que «no hay motivo para que los peruanos se inquieten. (...) Ninguna alianza promovemos contra ellos. No tenemos motivos para eso.»[88]

Para la cancillería brasileña era menester mantener orden y estabilidad en la región, el proyecto ABC refleja la inquietud de Río Branco al respecto. El Proyecto de Pacto ABC de 1909 da muestras de ello:

«**Artículo 9**. Cada una de las Altas Partes Contratantes se obliga a impedir por todos los medios a su alcance que en su territorio se armen y reúnan exiliados políticos o se organicen expediciones para promover o auxiliar desordenes o guerras civiles en el territorio de alguna de las otras dos o en cualquier Estado no signatario del presente acuerdo.

Artículo 10. En el caso de insurrección contra el Gobierno de una de las tres Repúblicas Contratantes, las otras no consentirán ninguna especie de comercio con los insurgentes y, sin faltar a los deberes de humanidad y a los que le dicten tanto sus instituciones libres como su propia dignidad, tratarán de colocar a los insurgentes que entrasen o que se asilasen en territorio de cada una de ellas en posición enteramente inofensiva, desarmando a los que estuviesen armados y entregando las armas y cualquier elemento de guerra al Gobierno legal que están combatiendo o han combatido.

Artículo11. Siempre que se dé cualquier perturbación de orden público, insurrección política o levantamiento militar en un país que limite con alguna de las tres Repúblicas Contratantes, tratarán ellas, inmediatamente, asentar entre si las providencias a tomar, de acuerdo con los principios de derecho internacional, combinando sobre las instituciones que deban mandar a sus autoridades civiles y militares a la frontera, así como a sus representantes diplomáticos, cónsules y comandantes de navíos de guerra en el país en que tales perturbaciones se produjesen, de modo que se eviten fricciones o desinteligencias entre sus respectivos agentes en el teatro de sus acontecimientos.[89]»

Finalmente, el proyecto ABC no logró materializarse, entre las causas destaca el famoso Telegrama N° 9, dirigido por Río Branco a la Legación de Brasil en Santiago de Chile, cuya versión difundida por medios argentinos desató airadas discusiones ya que colocaban en una posición desfavorable a Brasil frente a Chile, con relación a temas limítrofes con Perú y Bolivia.[90]

A propósito de las consecuencias de la tergiversación del Telegrama N° 9, Río Branco señaló que:

«Si pudiésemos contar con la confianza y sincera amistad del Gobierno Argentino, un acuerdo de esa naturaleza [Tratado ABC] daría los mejores frutos, asegurando en esta parte del mundo una política de verdadera concordia, sumamente ventajosa para las tres Repúblicas. Infelizmente, la situación en Argentina, en lo que respecta a Brasil, está muy modificada después de la activa y violenta propaganda allí hecha contra nosotros por un malentendido patriotismo de algunos.»[91]

De este modo se observa, como a partir de altercados como el anteriormente señalado la relación entre Argentina y Brasil continuará signada por la rivalidad a lo largo del siglo XX.

Celebración de la III Conferencia Panamericana de 1906 en Río de Janeiro

Una de las temáticas que dominó las cuestiones fundamentales en la política exterior brasileña fue el posicionamiento brasileño en el sistema interamericano, para lograrlo su diplomacia estuvo encaminada a apoyar la política monroísta estadounidense a pesar de mantener una relación asimétrica especial. Aquí se inserta la celebración en Río de Janeiro de la III Conferencia Panamericana, evento que tanto Caracas como Buenos Aires aspiraban acoger. La historiadora venezolana Ilenia Gómez Tovar, señala con relación a la definición de la sede que:

«Evidentemente la escogencia de la sede para el desarrollo de las Conferencias Panamericanas estaba constreñida a las relaciones de intereses económicos, políticos e ideológicos que los Estados Unidos como país promotor de este modelo de integración, poseía con el resto de los países latinoamericanos, para de alguna manera facilitar la estrategia hegemónica planteada por la Casa Blanca a fin de lograr convenios satisfactorios a su política económica. Para el período de estudio ni Venezuela ni su Gobierno eran afectos a la política estadounidense, mientras que el Brasil, simpatizaba con dicho proyecto y se convertiría en un aliado tácito mediante la política exterior de la Primera República brasileña[92]».

La visita de Elihu Root[93] a suelo brasileño en el marco de este encuentro fue un importante espaldarazo de Estados Unidos a Brasil, nunca un funcionario de tan alto nivel gubernamental había visitado la ciudad de Río de Janeiro, además, era la primera vez que un Secretario de Estado norteamericano visitaba otro país en misión diplomática. Al margen de los resultados efectivos de la conferencia[94], la celebración en suelo brasileño de tan importante cita fue por si sola una conquista diplomática[95].

Brasil no fue el único país que obtenía dividendos de la conferencia, en palabras de Clodoaldo Bueno «estaba claro que los Estados Unidos se servían del panamericanismo como catalizador para aproximarse a América Latina y, en ese sentido, la conferencia fue un paso más.[96]».

El entonces Encargado de Negocios de Venezuela en Washington, Nicolás Veloz Goiticoa, señaló en una nota verbal dirigida a la Cancillería venezolana refiriéndose a la visita de Root a suelo suramericano que:

«el fin que se propone es el de tratar de convencer a los latinoamericanos de que los Estados Unidos abrigan sentimientos de amistad hacia ellos y no desean gobernar sus asuntos, sino que es simplemente **filantrópico el interés que toman**, puestos que están dispuestos a ayudarlos a desarrollar sus intenciones a fin de que ocupen en el mundo el puesto a que tienen derecho por los recursos materiales e intelectuales que poseen.[97]» (Resaltado nuestro).

En la elaboración del programa de la Conferencia, la Junta Directiva del Escritorio Internacional de las Repúblicas Americanas nombró una comisión compuesta por el Secretario de Estado norteamericano y representantes de las misiones diplomáticas de Brasil, México, Costa Rica, Chile, Cuba y Argentina en Washington. Instalada el 20 de diciembre de 1905, la comisión recibió contribuciones al programa de parte de casi todos los países pertenecientes a la Unión Panamericana. Paraguay, Nicaragua y Costa Rica no formularon propuestas, mientras que Ecuador se suscribió enteramente a la propuesta de Chile.

El programa aprobado incluyó 14 ítems, a saber: 1) Secretaría Internacional de las República Americanas, 2) arbitraje, 3) reclamaciones pecuniarias, 4) deudas públicas, 5) codificación del Derecho Internacional Público, 6) nacionalización, 7) desarrollo de las relaciones comerciales entre las repúblicas americanas, 8) leyes aduaneras y consulares, 9) privilegios y marcas de fábrica, 10) política sanitaria y cuarentenas, 11) vía férreas panamericana, 12) propiedad literaria, 13) ejercicio de profesiones literarias y 14) futuras conferencias.

El programa acordado no era del agrado de Argentina, en una comunicación del Encargado de Negocios de Venezuela en Washington, este informa a la Cancillería venezolana, que:

«Puede asegurarse que la República Argentina no ha quedado satisfecha con el programa aceptado para la Tercera Conferencia Panamericana y el Secretario Root tendrá que desplegar gran dosis de habilidad para impedir que varias repúblicas suramericanas se retiren de la Conferencia, pues, además de la República Argentina, hay algunas que están lejos de considerarse satisfechas y simpatizan con el desaire que ha sufrido esta República.[98]»

El agravio al que se refiere el diplomático venezolano está referido al rechazo de la Doctrina Drago como punto de discusión en la agenda de la Conferencia.

Las instrucciones que recibieron los delegados de Estados Unidos fue que manejasen las materias de interés común que no estuviesen en real disputa y en las que el cambio de opiniones y discusiones amigables pudiesen desvanecer diferencias, fomentar acuerdos y promover la cooperación a través de temas comunes, creando una especie de buenas relaciones personales. Y así como no fue discutida la Doctrina Drago tampoco lo fue la Doctrina Monroe y su reelaborada versión, el Corolario Roosevelt.

El investigador Gelson Fonseca Junior señala al respecto que la resolución a la que llega la conferencia, aunque no adopta la posición de Drago, tampoco se endosa al Corolario Roosevelt, y en el seno de la Conferencia se decidió que estos asuntos se elevarían para su estudio en la Segunda Conferencia de Paz en la Haya «con miras a que se examine la cobranza compulsoria de deudas públicas y los medios tendientes a disminuir los conflictos de origen exclusivamente pecuniario entre naciones[99]».

Vale resaltar que al llevar el asunto a la Conferencia de la Haya, los países hispanoamericanos entraban en desventaja porque se enfrentarían a una mesa de diálogos que incluiría a los países europeos disminuyendo considerablemente su opción a la hora de negociar.

En Washington existía la preocupación por el tema del arbitraje, ya que el gobierno del Perú amenazaba con no asistir a la reunión si no se tocaba el tema, mientras que México y Chile estaban en contra de cualquier tratado de arbitraje que se quisiera llevar a cabo. Estados Unidos como lo hemos señalado con anterioridad no quería temas sensibles en la conferencia, pero temía que produjera un apoyo a Perú por parte de Argentina, Bolivia y Uruguay.

La Conferencia finalmente fue realizada entre el 23 de junio y el 27 de agosto de 1906 con la participación de delegaciones de 19 países. A pesar de las reticencias y desconfianza de algunos países hispanoamericanos, las únicas ausencias fueron las de Haití, Venezuela[100] y Canadá (país que no fue invitado). En la sesión inaugural de la Tercera Conferencia, el canciller brasileño señaló con relación a suspicacias de los países no representados que:

«es necesario afirmar que formal o implícitamente, todos los intereses serán respetados por nosotros; que nuestra intención no es trabajar contra nadie en el debate de los asuntos políticos y comerciales sometidos a la consideración de la Conferencia; y que nuestro único objeto consiste en establecer una unión más íntima entre las naciones americanas, para promover a su bienestar y rápido progreso; propósitos cuyo cumplimiento solo puede reportar ventajas a Europa y el resto del mundo[101].»

Por su parte, la labor formal de la Secretaría iniciada por la Conferencia era promover el desarrollo del comercio y de la riqueza de todas las naciones americanas, pero en realidad respondía a los intereses económicos de los Estados Unidos, «era un organismo auxiliar de penetración del capital y del comercio norteamericanos en un área desde larga data dominada por los europeos.[102]»

A propósito de la conferencia en Río, el Canciller Río Branco había girado instrucciones precisas a su Embajador en Washington, Joaquim Nabuco, instruyéndole que:

«Es nuestro deseo, (…), poder en todo estar de acuerdo con los Estados Unidos, cuya amistad el Brasil mucho aprecia y siempre apreció. Más Vuestra Excelencia no ignora que, contra los Estados Unidos y contra el Brasil, hay en la América Española antiguas prevenciones, que solo el tiempo pudiera tal vez modificar. (…) Es necesario mucho tacto y prudencia de nuestra parte para que este 3° Congreso Panamericano no torne más profundas las diferencias existentes entre varios grupos de naciones latinas.»[103]

Los debates fueron acalorados pero las decisiones bastante modestas, no se avanzó de manera significativa en asuntos esencialmente políticos. Con relación a la reclamación pecuniaria, un tema que vinculaba tanto lo económico con lo político, «la conferencia llegó a un resultado que, para algunos, sirvió para atenuar modestamente el espíritu de desconfianza que reinaba entre los hispanoamericanos con relación a los Estados Unidos[104]». De este modo, la Conferencia logró «suavizar la percepción que tenían los países latinoamericanos hacia la política exterior estadounidense[105]». Lo cual puede ser visto como un éxito para Washington en virtud de la coyuntura desfavorable en términos de opinión pública.

Más adelante, en la Cuarta Conferencia Panamericana celebrada en Buenos Aires en 1910, no habrá cambios sustantivos, dada la inestabilidad en la región.

Desacuerdos en materias de fronteras, distanciaban a varios países. En tal sentido, en vez de grandes temas políticos se discutieron principalmente cuestiones prácticas, menores en cuanto a volumen, pero suficientes para mantener la convicción en la necesaria permanencia de las reuniones periódicas[106]. Igualmente, en esa cita, Brasil tomó la iniciativa de proponer el reconocimiento de la Doctrina Monroe como factor permanente de paz en el Continente americano, propuesta que las circunstancias del momento no permitieron que fuese objeto de examen en la asamblea[107].

CAPÍTULO 3.

REFLEXIONES INTELECTUALES SOBRE EL PANAMERICANISMO EN BRASIL

En el período comprendido entre 1880 y la primera década del siglo XX, los intelectuales latinoamericanos fueron generalmente hostiles hacia los Estados Unidos y a su política imperialista, en especial hacia el panamericanismo. Entre los antecedentes intelectuales, tenemos entre otros los aportes de José Martí (1853-95), el uruguayo José Enrique Rodó (1871-1917) y el puertorriqueño Eugenio María de Hostos (1839-1903)[108].

En Brasil, fue precisamente el brasileño Eduardo Paulo da Silva Prado (1860-1901), mejor conocido como Eduardo Prado, quién en un escrito sobre la política estadounidense causó un gran impacto. A pesar de ser monarquista confeso y amigo del Barón de Río Branco, Prado cuyo texto titulado *La Ilusión Americana* [109] señaló sus diferencias con las políticas adelantadas por Washington y planteó una postura contraria a la oficial.

A través de *La Ilusión Americana*, Eduardo Prado condenó enérgicamente la conquista territorial y la explotación económica a la América española por parte de los Estados Unidos, así como la arrogante diplomacia y uso de la fuerza militar de este último. Pero mostró su escepticismo con respecto a las repúblicas hispanoamericanas y su capacidad para unirse contra el enemigo común. En cuanto al Panamericanismo señalaba que la «fraternidad americana» era una mentira.

En este orden de ideas y partiendo de diferentes visiones expuestas por intelectuales y diplomáticos brasileños sobre cuestiones como la Doctrina Monroe, el Corolario Roosevelt, en fin, las relaciones entre América Latina y los Estados Unidos, es posible ver como se disputan diferentes proyectos políticos[110].

Así se observa que, en términos de un proyecto político asociado a la afirmación de la República en Brasil, el significado del panamericanismo era objeto de intensas disputas intelectuales, a los efectos de este capítulo vamos a desarrollar las diferencias encabezadas por el Canciller Río Branco y los Embajadores Joaquim Nabuco y Manuel de Oliveira Lima[111].

A principio del siglo XX habían dos posibilidades de interpretación a la cuestión panamericanista; ambas referidas a la Doctrina Monroe (1904) y al Corolario Roosevelt, la primera defendía los términos de esta política y la justificaba, los principales defensores de esta vertiente eran Joaquim Nabuco y el Barón de Río Branco; en contraposición, encontramos a una segunda postura, defendida por Manuel de Oliveira Lima, quién era un duro detractor del panamericanismo en Brasil y abogaba por una alianza sudamericana que pudiera defenderse ante los avances hegemónicos de los Estados Unidos en el Continente.

En este contexto, Joaquim Nabuco es conocido como el principal promotor y ejecutor del panamericanismo en Brasil, consolidado durante la gestión de Río Branco. En esos términos vale destacar que Nabuco —primer Embajador en la historia diplomática del Brasil— es visto casi siempre como un idealista, mientras que su superior jerárquico, el Barón de Río Branco es observado con un carácter mucho más realista que su principal agente en virtud de su carácter pragmático. Williams Gonçalves señala al respecto que:

«La anexión del Acre, el reequipamiento del Ejército y de la Marina de guerra brasileña (tratando de recuperar el terreno perdido frente el poderío naval argentino) echan por tierra mitos como los del "pacifismo del Barón", revelando al contrario su extremo realismo político[112]».

Las divergencias explícitas entre el Barón de Río Branco y Joaquim Nabuco, de un lado y Manuel de Oliveira Lima por el otro, constituyen por sí un punto de reflexión sobre las implicaciones y motivaciones ligadas a dinámicas internas imbricadas con materias propias de la política exterior brasileña[113].

Río Branco: el arquitecto de la
política exterior brasileña

Como se ha expuesto en páginas anteriores Río Branco se plegó al panamericanismo, entonces concebido como un movimiento de cooperación continental conducido por los Estados Unidos, en una estrategia de aproximación con la potencia del norte que perseguía consolidar la posición brasileira en el escenario regional, convirtiéndose Brasil en un interlocutor privilegiado entre los Estados Unidos y el resto del Continente.

Debido a su postura de aproximación a los Estados Unidos, Río Branco fue objeto de numerosas críticas, que lo acusaban de imperialista y de apoyar tácitamente la política del *Big Stick* de Roosevelt.

Dentro de este debate intelectual vale resaltar un artículo escrito por el canciller brasileño en el diario Jornal do Comercio quién bajo el pseudónimo de John Penn, escribió «Brasil, los Estados Unidos y el Monroísmo», mediante el cual buscaba justificar la aproximación del Brasil con los Estados Unidos, expresando que tal acercamiento entre los dos países no era novedad si se consideraba el rápido reconocimiento de Washington a la independencia brasileña, y la acogida dada por los Estados Unidos a Pedro II cuando visitó ese país en 1876, el proceso de reconocimiento de la Doctrina Monroe por parte de Brasil y el rápido reconocimiento hecho por Estados Unidos a la República brasileña, lo cual según Río Branco daba muestra de las similitudes históricas entre los dos países.

En este artículo Río Branco destacaba que:

«Las manifestaciones de recíproco aprecio y amistad entre los gobiernos de Río de Janeiro y Washington han sido en estos últimos años censuradas, a veces con bastante injusticia y pasión, por algunos raros publicistas brasileños que se suponen genuinos intérpretes y propagadores del pensamiento político de los estadistas del Imperio.»[114]

En este escrito, Río Branco hace especial énfasis en el «Manifiesto del Príncipe Regente de Brasil a los Gobiernos y Naciones Amigas», que fue escrito por José Bonifacio de Andrade, entonces Ministro del Reino del Brasil y de los Negocios Extranjeros. Asimismo, arremete contra Eduardo Prado y su escrito La Ilusión Americana, en el que Prado había manifestado que Estados Unidos no había dado prueba alguna de buena voluntad a la Independencia del Brasil. Ante la aseveración realizada por Prado, Río Branco responde que:

«El Gobierno de los Estados Unidos de América fue el primer Gobierno que reconoció la Independencia y el Imperio del Brasil y el único que así procedió antes que Portugal lo fijase por el tratado concluido en Rio de Janeiro el 29 de agosto de 1924[115]».

Asimismo, Río Branco prosigue con las siguientes palabras:

«Esos sentimientos manifestados entonces en muchas otras ocasiones, son los que todavía hoy están animados los dos gobiernos de Washington y Río de Janeiro, como lo demostraron hechos recientes, que están en el dominio público[116]».

Con relación a las rivalidades suramericanas y a la solicitud de alianzas con Estados Unidos por parte de países vecinos de Brasil, Río Branco afirmó que «Washington fue siempre principal centro de las intrigas de los pedidos de intervención contra el Brasil por parte de algunos de nuestros vecinos, rivales permanentes o adversarios de ocasión[117]». No obstante, destaca que:

«Todas las maniobras emprendidas contra este país en Washington, desde 1823 hasta hoy, encontrarán siempre una barrera invencible en la vieja amistad que felizmente une a Brasil y los Estados Unidos, y que es deber de la generación actual cultivar con el mismo empeño y ardor con la cultivaron nuestros mayores[118]».

A todo esto, el Embajador de los Estados Unidos acreditado en Brasil, Lloyd Griscom, envió un ejemplar de «Brasil, los Estados Unidos y el Monroísmo» a la Casa Blanca y señaló con relación a la aproximación a los Estados Unidos promovida por Río Branco y Nabuco que:

«Estos dos [Río Branco y Nabuco] tienen un lugar especial en el corazón de los brasileños y generan una considerable fuerza. Nabuco estando en el exterior solo podría actuar a través de sus amigos, pero Río Branco ha sido un actor propagandista durante los últimos meses. A menos que las apariencias engañen a la opinión pública, ya perfectamente amistosa para con nosotros, ha sido estimulada por medios artificiales. Él tiene uno o dos jóvenes bajo su cargo que son escritores hábiles y entre ellos se turnan en mandar artículos para la prensa, que en muchas formas nos han promovido[119]».

Río Branco, en un modo distinto al de Joaquim Nabuco expresaba su reconocimiento de Estados Unidos como potencia mundial:

«La verdad es que solo había grandes potencias en Europa y hoy ellas son las primeras en reconocer que hay en el nuevo mundo una gran y poderosa nación con que deben contar y que necesariamente ha de tener parte de influencia en la política internacional del mundo entero»[120].

Asimismo, la aproximación con los países hispanoamericanos la realizó con gran cautela, señalando que:

«La llamada así Liga de las Repúblicas Iispanoamericanas en oposición a los Estados Unidos es imposible por causa de falta de consenso entre esos Estados y es incluso ridícula en vista de la conocida debilidad y pobreza de recursos de la mayoría de ellas. No será con una política de pequeñas acciones y volviéndonos inconvenientes para los Estados Unidos que seremos capaces de bloquear a nuestros oponentes»[121].

Aquí vemos el pragmatismo de Río Branco, quién partió por demás de una inteligente y calculada estrategia que tuvo consecuencias importantes para la cuestión del consenso en la política exterior de Brasil, además reforzó aún más el prestigio de la institución diplomática, Itamaraty, y de sus miembros en la sociedad brasileña. Río Branco se movilizó inteligentemente entre su propia visión política, las cuatro gestiones presidenciales y la opinión pública de su país, al diseñar una política exterior que fue aceptada sin muchas resistencias tanto a nivel interno como externo.

JOAQUIM NABUCO:
EL PRINCIPAL AGENTE DEL PANAMERICANISMO

Con una admiración de larga data por el sistema político de los Estados Unidos, incrementada con su nombramiento como Embajador en aquel país, Joaquim Nabuco[122] confiaba en el liderazgo de los Estados Unidos en América ya que lo veía como una consecuencia natural de su desarrollo político y económico.

La investigadora Stephanie Dennison señala sobre el monroísmo de Nabuco que este «tenía su propia interpretación» que para todos los fines se «acomodaba su noción de que el Brasil era superior a las otras repúblicas latinoamericanas»[123]. De esta manera, Nabuco, partidario de la Doctrina Monroe, no dudó en defenderla públicamente:

«Nadie es más que yo partidario de una política exterior basada en la amistad con los Estados Unidos. La Doctrina Monroe impone a los Estados Unidos una política externa que se comienza a diseñar, (...) En tales condiciones nuestra diplomacia debe ser principalmente hecha en Washington. Una política así valdría el mayor de los ejércitos y la mayor de las marinas (...) Para mí la doctrina de Monroe (...) significa que políticamente nosotros nos desprendemos de Europa tan completamente y definitivamente como la luna de la tierra. En ese sentido es que soy Monroísta»[124].

Otro elemento importante para el estudio de la posición de Nabuco son sus conferencias en universidades de Estados Unidos[125], donde demostró ser un gran admirador de este país y un partidario entusiasta del panamericanismo. El año 1906 constituyó el marco final de su conversión política, con la celebración de la Tercera Conferencia Panamericana.

El investigador Kenneth David Jackson señala que:

«Con la aproximación, [a Estados Unidos] Nabuco pretendía imponer un concepto y una doctrina de una civilización de las Américas (…) liderada por los dos grandes países del hemisferio y sustentadas por las experiencias que tuvieron en común en la transformación de Colonia en República.»[126]

En una Conferencia en la Universidad de Chicago y con referencia a la participación de su amigo, el Secretario de Estado norteamericano, Elihu Root y la gira que realizó a otros países suramericanos, Nabuco señaló que la visita de Root permanecería como un:

«marco histórico en las relaciones de nuestro continente, como quedó en el mensaje de Monroe en 1823 y en la iniciativa de Blaine del movimiento panamericano, movimiento que puede ser considerado como creación de dos, de Blaine, que modeló el grupo de naciones americanas, y de Root, que le dio vida al movimiento[127]».

Con estas palabras quedan claras las posiciones de Nabuco con relación a la admiración ante las políticas ejecutadas por ambos Secretarios de Estado norteamericanos y su adhesión a dichas propuestas.

Igualmente, Kenneth David Jackson señala con relación a las conferencias del Embajador en universidades estadounidenses que, en vista del poder creciente de los Estados Unidos, Nabuco invoca a la común responsabilidad de cuidar la paz, del orden y la justicia en todas las repúblicas americanas, para que ningún país quede muy atrás de los otros. Procura una política de igualdad y de confianza mutua entre todas las naciones de las Américas. Es a partir de esa temática que «elaboró su concepto de civilización en las Américas, con Brasil y Washington al frente»[128].

En el modo de ver de Nabuco, las repúblicas americanas integraban un solo sistema político en un concierto internacional dividido en dos grandes bloques:

«La América, gracias a la Doctrina Monroe, es el Continente de Paz, y esa colosal unidad pacificadora, interesando fundamentalmente otras regiones de la Tierra (...) forma un Hemisferio Neutro en contrabalanza a otro Hemisferio, que bien podríamos llamar Hemisferio Beligerante.[129]»

Del mismo modo, hace referencia a ese Hemisferio Neutro en uno de sus discursos en el marco de la Tercera Conferencia Panamericana celebrada en Río de Janeiro, Nabuco afirmó que:

«La reunión periódica de ese Cuerpo, compuesto exclusivamente de naciones americanas, significa por cierto que la América forma un sistema político distinto del [sistema político] de Europa, una constelación con órbita propia y distinta. Trabajando, entretanto, por una civilización común y por hacer del espacio que ocupamos en el globo una vasta zona neutra de paz, nosotros trabajamos para el beneficio de todo el mundo. De ese modo ofrecemos a las poblaciones, la riqueza, el genio de Europa un campo de acción mucho más vasto y más seguro en nuestro hemisferio del que si formásemos un continente desunido o perteneciésemos a campos beligerantes en el que el viejo mundo pueda todavía dividir.»[130]

Si bien, Nabuco y Río Branco concordaban en que Estados Unidos eran el centro de un subsistema de poder, como ya se ha señalado, Río Branco reconocía el peso de Washington, desde una aproximación más realista que Nabuco, el canciller incluso rechazaba la posición servil en la política exterior de un país a otro, fuese cual fuese.

MANUEL DE OLIVEIRA LIMA:
EL DIPLOMÁTICO «DISIDENTE»

Al asumir Río Branco la cartera de Asuntos Exteriores, la posición de Manuel de Oliveira Lima[131] fue más crítica y formo parte del círculo de opositores del canciller, hecho que se tornaría más evidente con la colaboración a medios como el Correio da Manhã, diario opositor al canciller. Es a través de este periódico que Oliveira Lima va a defender la diplomacia comercial como alternativa a la diplomacia de fronteras, asimismo, utiliza este medio para criticar el proyecto de reforma diplomática que Río Branco pretendía realizar aumentando el número de funcionarios en Itamaraty.

En un principio las críticas formuladas al Canciller por parte de Oliveira Lima eran transmitidas a través de su correspondencia personal, no obstante, al aumentar su descontento con la gestión del Barón de Río Branco, pasó a externalizarlas. Esto contribuyó al agravamiento de su posición dentro de Itamaraty donde fue marginado y enviado a la misión brasileña en el Perú, destino que chocaba de manera frontal con sus pretensiones de continuar investigando y desarrollando su actividad historiográfica estrechamente ligada para la época con el desarrollo diplomático.

La decisión de Río Branco de enviarlo a Perú fue considerada como un castigo que acentuó las discrepancias de Oliveira Lima con el Canciller. Ya para ese entonces, Oliveira Lima había lanzado varias críticas abiertas a la política de negociación de fronteras nacionales iniciadas por Río Branco, en las que este último había puesto todo su empeño y conocimiento.

Designado en puestos con significación diplomática mucho más reducida, como el caso de Lima[132] y posteriormente Caracas, Oliveira Lima arrecia en sus críticas hacia la gestión de Río Branco.

Durante su estancia en Caracas tuvo la posibilidad de observar aún más de cerca la realidad de las dinámicas de las relaciones interamericanas, acercándose a un análisis más crítico del panamericanismo, ya que estas polémicas estaban más vivas en el escenario político latinoamericano, tomando en cuenta las experiencias recientes con relación a las injerencias extranjeras de las que habían sido objeto repúblicas latinoamericanas como Venezuela, con el bloqueo de sus costas a principios del siglo XX. En este orden de ideas, Alejandro Mendible señala en su libro Venezuela/Brasil: sus relaciones diplomáticas en 1905, que:

«La permanencia de Oliveira Lima en Caracas influyó para cambiar su punto de vista sobre la política de reciprocidad vigente entre los diferentes países americanos, conocida como panamericanismo. En este caso la valoración del nacionalismo de las naciones pequeñas y medianas de América Latina con relación a la acción de dominación practicada por las potencias mundiales.»[133]

Así es como Oliveira Lima se embarca a escribir precisamente en Caracas, varios artículos vinculados a estas realidades de la América Hispana. Destacan *Panamericanismo* (Monroe, Bolívar, Roosevelt) e Impresiones de la América Española.

En *Panamericanismo* (Monroe, Bolívar, Roosevelt), basado en los artículos escritos para O Diario de Pernambuco y O Estado de Sao Paulo entre 1903 y 1907, Oliveira Lima atacó duramente los postulados panamericanistas, ya que veía en ellos un intento por latinizar al monroísmo y promover la hegemonía hemisférica de los Estados Unidos y lo que él denominaba «rooseveltismo».

Asimismo, aunque en los artículos recopilados en Impresso da America Espanhola, indicasen sus preocupaciones con respecto a la pauta de la política exterior estadounidense bajo la bandera del panamericanismo y la intención de Washington de imponerse en sus relaciones con los países del Continente, no fueron en principio el principal conflicto con los puntos de Río Branco. Oliveira Lima acentuó sus críticas en otros artículos, especialmente los escritos después de finalizado el III Congreso Científico Latinoamericano en Río de Janeiro el 06 de agosto de 1906, que sirvió de escenario para las expresiones del Latinoamericanismo y el panamericanismo, en el que Brasil mostró su apoyo a la segunda opción.

De este modo, la adhesión que hace Brasil de manera frontal con relación al panamericanismo dio lugar a nuevas críticas por parte de Oliveira Lima. En el contexto en el que la diplomacia brasileña aceptó los términos de esta política, los artículos escritos por él en este período comenzaron a ser el principal punto de discordia con el Canciller.

En estos nuevos artículos, Oliveira Lima, tomando la Guerra Hispanoamericana como punto de partida y los casos de Venezuela y Santo Domingo, como ejemplos del intervencionismo de Estados Unidos, distinguió el carácter inicial de la Doctrina Monroe que el Corolario Roosevelt pretendía imponer.

Según Oliveira Lima, el monroísmo nunca había representado una garantía recíproca de defensa y soberanía, pues Washington aplicaba esta política de acuerdo con sus propios intereses. Para este diplomático, la Doctrina Monroe no debía ser un privilegio de América del Norte sobre América del Sur.

Como forma de resistir al avance estadounidense, Oliveira Lima apostaba a un acercamiento entre Brasil y los países latinoamericanos en un intento por contrarrestar la influencia de Washington en la región y contener las agresiones estadounidenses. Para alcanzar tal fin, se hacía necesario cultivar la solidaridad entre los países latinoamericanos, incluyendo al Brasil en este imaginario, y principalmente los suramericanos. En palabras de Mendible:

«Uno de los aportes de Oliveira Lima en el estudio del panamericanismo, es la captación de la importancia del nacionalismo americano como una fuerza importante de la política internacional. En su planteamiento, destacaba el hondo significado del nacionalismo latinoamericano y sus diferencias con los Estados Unidos.»[134]

Con relación a la Tercera Conferencia Panamericana celebrada en su país, Oliveira Lima afirmó que:

«Los delegados son nombrados al mismo tiempo que el Secretario de Guerra los exclama en un discurso que el campo de acción de los Estados Unidos se extiende hasta la Tierra del Fuego.»[135]

Puede resumirse la visión de Oliveira Lima, con las palabras de Alejandro Mendible:

«Oliveira Lima, un estudioso de la evolución histórica latinoamericana, asumió una posición crítica ante el punto de vista sustentado por sus prominentes colegas representantes de la élite de la diplomacia brasileña. Evidentemente su posición discrepaba del enfoque del canciller Río Branco, y en mayor grado con la del embajador de Brasil en Washington, el también pernambucano, Joaquim Nabuco. Su posición consistía en mantener la defensa de los intereses de Brasil en primer lugar, y no subordinarla a intereses circunstanciales.»[136]

Como se ha observado, los planteamientos de Oliveira Lima no llegaron a materializarse bajo la conducción de Río Branco como Canciller. De hecho, con la ascensión de este último, se marcó el inicio de una fase conflictiva en la carrera diplomática del pernambucano, caracterizada por embates y conflictos públicos no solo con el Ministro de Exteriores sino con su principal agente en materia de proyección del panamericanismo, Joaquim Nabuco, quien alguna vez fuera su cercano amigo.

Capítulo 4.
El panamericanismo en la visión brasileña 100 años después

La Organización de Estados Americanos: heredera de los postulados panamericanistas

Como ya hemos visto, desde una perspectiva crítica latinoamericana, el panamericanismo apareció para promover el control político y militar de Washington en la región latinoamericana y así afianzar la expansión económico-comercial de los Estados Unidos.

No obstante, después de la Segunda Guerra Mundial, Estados Unidos cambió radicalmente su política exterior hacia América Latina al proclamar su política de la *Buena Vecindad*, cuyos principios sustentados por el presidente Franklin Delano Roosevelt, fueron la promesa de que los Estados Unidos respetarían los derechos de los países de América Latina, sustituyendo las intervenciones armadas por un mutuo entendimiento. En este sentido, de ser necesaria una intervención esta se llevaría a cabo como una acción concertada entre los países de todo el Continente[137].

De este modo, vemos el surgimiento casi a mitad del siglo XX de la Organización de Estados Americanos (OEA), creada en Bogotá en 1948[138] y bajo los parámetros panamericanistas, sustituyendo a la Unión Panamericana. Dicha organización fue originalmente concebida como instrumento para combatir el comunismo en el hemisferio durante la Guerra Fría, de tal manera que el Sistema Panamericano[139] como tal es anterior a la OEA misma.

La OEA mantuvo dentro de su seno por más de cuarenta años a una aplastante mayoría de gobiernos dictatoriales que resultaban incondicionales aliados de Estados Unidos, dictaduras en su mayoría de derechas. Este fenómeno se acentuó a partir de la década de 1960, mediante diversos golpes de Estado que desplazaron a las autoridades electas en la mayoría de los países de América Latina y se destacaron por su brutal represión y violación de los Derechos Humanos. También se ha observado que, al completarse las primeras décadas del siglo XX, hubo una cercana y fructífera relación entre Brasil y los Estados Unidos con un tono más ideológico que se fue diluyendo a medida que avanzó el siglo XX. Tal como lo señala Werneck da Silva:

«el combate al totalitarismo de izquierda llevaría al país, en 1947 al bloque occidental, en la bipolaridad de la Guerra Fría. Es entonces que —desde la Operación Panamericana— cuyo desfecho nos frustró la fantasía de aliados predilectos de los Estados Unidos y de socios privilegiados de Occidente»[140]

En esta línea, Wolf Grabendorff, en un estudio sobre las relaciones latinoamericanas, ha hecho referencia a la OEA de la siguiente forma:

«Desde su fundación, la OEA se ha encontrado en el dilema de querer unir dos finalidades opuestas. Desde el punto de vista latinoamericano, dicho organismo era, ante todo, un instrumento de cooperación para la promoción del desarrollo económico del continente. Por el contrario, para los Estados Unidos esa entidad era un instrumento de poder para asegurar la estabilidad política en la Región y por ende, asegurar su propia posición hegemónica[141]».

Desde luego, no es el ánimo ni el objeto de este trabajo profundizar en los profundos desafíos que enfrenta la OEA, sin embargo, vale rescatar la posición del politólogo argentino Juan Gabriel Tokatlian, quién señalaba lo siguiente en el año 1984 y que a nuestro juicio está más vigente que nunca:

«La actual crisis de la Organización de Estados Americanos es una manifestación concreta de las contradicciones y el deterioro creciente de las relaciones entre América Latina y el Caribe y los Estados Unidos. No asistimos a la mera inoperancia administrativa de la OEA, sino que aquella es el producto de divergencias económicas, políticas y estratégico-militares profundas en el seno del sistema interamericano. En términos muy sintéticos, y luego de más de un siglo de historia, se corrobora la incompatibilidad entre el monroísmo norteamericano y el bolivarismo latinoamericano; dos proyectos alternativos que significan la antítesis entre un modelo hegemónico-imperial y una propuesta unitaria de federalismo anfictiónico entre pares latinoamericanos y del Caribe insular.[142]»

BRASIL Y EL MULTILATERALISMO

Con el fin del bipolarismo, surgió una nueva jerarquía en el orden internacional, donde Brasil se encontró con una mayor libertad para maniobrar en el ámbito multilateral.

A este tenor, se fue desarrollando en Brasil una política exterior más horizontal que ha llevado a Itamaraty a ocupar espacios no solo en América del Sur, sino también en África Austral y Asia, en estas dos últimas regiones fueron abiertas decenas de Embajadas que representan votos potenciales en foros multilaterales[143].

Llama la atención como el multilateralismo es hoy un principio que aparece en la Constitución brasileña, específicamente en el párrafo 1 del Artículo 4 de la Constitución de 1988, aparece que Brasil debe «buscar la integración económica, política, social y cultural de los pueblos de América Latina, visando la formación de una comunidad latinoamericana de naciones[144]».

A la par de las nuevas organizaciones internacionales en las que Brasil aparece como actor de primer orden, se ve como en toda Suramérica se ha intensificado la labor de la llamada «Diplomacia de Cumbres», término comúnmente utilizado por los medios de comunicación social latinoamericanos para referirse a las reuniones de los mandatarios de la región, a este respecto, el Secretario General de la Secretaría General Iberoamericana, Enrique Iglesias señala que:

«Los países de América Latina y el Caribe han logrado, al menos a partir de la década de 1970, desarrollar una rica experiencia en materia de cónclaves regionales. Ello, tanto para definir mecanismos de cooperación vinculados a los diversos esquemas de integración, como para enlazar al subcontinente con otras partes del mundo y del propio hemisferio[145]».

Brasil ha sido a lo largo de estos años un gran promotor de este tipo de intercambios, apostando de un modo bastante decidido al multilateralismo. Para Brasil dentro de su estrategia global, el afianzamiento del multilateralismo ha sido una constante en la labor política internacional, lo cual se puede traducir en un incremento de la autonomía política de la región en su conjunto y de Brasil en el mundo.

En esta línea de objetivos y acciones, con el inicio del siglo XXI Brasil ha aprovechado el renovado entusiasmo existente en América Latina para retomar iniciativas regionales de cooperación tanto a nivel político como económico. Con una reformulación, así como con una nueva implementación en su política hemisférica y global, Brasil ha venido desplegando a lo largo de la primera década de este siglo, sistemáticos esfuerzos a través de nuevos mecanismos regionales para establecerse como actor de primer orden.

En tal sentido, el proyecto panamericanista en los términos en los que se había planteado a inicios del siglo XX ha visto disminuida su influencia para dar paso a nuevos enfoques. Pero hay que destacar a su vez que, a pesar de la cantidad de iniciativas y propuestas de integración de carácter regional y subregional, «América Latina y el Caribe no poseen una visión político- estratégica concertada y la coordinación de posiciones es limitada[146]». Esto se ha debido en gran parte, al incremento de las rivalidades ideológicas que han dificultado una concreción exitosa de los proyectos en común, podemos afirmar entonces que ese escenario de división ideológica ha permanecido. En palabras del politólogo Xavier Rodríguez Franco, las organizaciones en América Latina:

«…reunidas por el más diverso signo político, geográfico y temático comparten, además de grandes ideales e importantes avances institucionales en materia de cooperación y desarrollo. Sin embargo, también acumulan un historial de reconocida disfuncionalidad y suntuoso burocratismo, no tan solo reportado por analistas sino reconocido también por varios diplomáticos latinoamericanos en sus intervenciones[147]».

Asimismo, Itamaraty ha buscado trabajar de manera activa y conjunta en una gradual promoción, articulación, complementación y convergencia de las instituciones regionales.

BRASIL, POTENCIA EMERGENTE

América Latina ha incrementado su importancia geoestratégica, y en este apartado hay que resaltar la ascensión internacional de Brasil y su condición como una economía con altas tasas de crecimiento sumada a una fuerte capacidad de atracción de inversiones, incluso para algunos analistas este país es el único «world player» de la región.

Con más habilidades diplomáticas que desenvoltura para resolver sus problemas internos[148], Brasil ha sido conocido por ser el «país del futuro[149]», al parecer el futuro por fin llegó. En los últimos años, en términos comerciales y dentro de contexto marcado por las crisis económicas en gran parte de las potencias a nivel mundial, estas han tendido a buscar una aproximación con Brasil, ya que representa un actor con alta densidad poblacional, elevado poder de compra y un mercado abierto a sus inversiones y empresas.

Según Julia Sweig, hasta finales del siglo XX, la política exterior brasileña se basaba en cuatro directrices fundamentales: 1) proteger la enorme superficie territorial del país; 2) consolidar y fortalecer su república; 3) evitar o resolver los conflictos con sus vecinos; y 4) mantener una relación distante pero cordial con los Estados Unidos. En tal sentido, como miembro fundador de la Sociedad de Naciones y de las Naciones Unidas:

«Brasil envió tropas para luchar junto a los aliados en la Segunda Guerra Mundial, pero nunca aspiró a liderar Latinoamérica. Durante el período del régimen militar, en las décadas de 1960, 1970 y 1980, Brasil logró proyectarse a sí mismo como uno de los principales países no alineados y como un aliado ocasional, pero nunca estrecho, de EE UU.[150]»

Hoy día, Estados Unidos y Brasil siguen compartiendo una agenda en la región, pero ahora marcada por una relación con menos asimetría, Ricardo Sennes señala con relación a esta nueva dimensión en su relación que:

«A pesar de que no existen divergencias estratégicas significativas entre los dos países, parece haber un acuerdo tácito sobre el papel de cada uno de ellos en la región de interés inmediato para Brasil, es decir, América del Sur y el Atlántico Sur. Curiosamente, con base en ese acuerdo tácito, la presencia de ambos países en la región se ha ampliado en los últimos años, sin que eso haya dado lugar a tensiones o disputas significativas.[151]»

A modo de cierre y coincidiendo con la opinión del internacionalista Joao Daniel Lima[152], si hoy el Barón de Río

Branco estuviese vivo, este se aproximaría a Rusia, China, India y Suráfrica, que ocupan un papel análogo de potencias emergentes en el escenario internacional del mismo modo que Estados Unidos a inicios del siglo XX. Solo que el Brasil de hoy comparte con estas potencias, el club de los BRICS[153], y un mismo estatus a nivel internacional, de este modo al hacer la comparación, no se encuentra en su relación a estas en la situación de asimetría que tenía con Washington a principios del siglo XX.

Conclusiones

De acuerdo con los planteamientos desarrollados a lo largo de este libro, se puede señalar que, si bien la actuación de Río Branco como Canciller del Brasil pudo haber sido objeto de crítica dentro y fuera de su país hay que reconocer que incluso para representantes destacados de la élite político e intelectual de su época, este fue un fiel intérprete del sentir brasileño con miras a desplegar todas las potencialidades de su nación, se puede afirmar incluso que fue exitoso en este propósito. Se puede asentar que Río Branco insertó exitosamente a Brasil en el Continente Americano a través del apoyo a las políticas panamericanistas promovidas por los Estados Unidos, la reformulación de sus relaciones con Argentina y Chile, así como con la resolución pacífica de sus límites fronterizos. De este modo, Río Branco le otorgó a Brasil una nueva dimensión como potencia regional que hoy día sigue en ascenso.

Así como los Estados Unidos le dieron un sentido práctico de hegemonía y dominio a nivel internacional a las políticas panamericanistas; en el teatro de sus intereses globales, Brasil le proporcionó a Washington una plataforma de apoyo para exportar las virtudes del panamericanismo en la región, la cual fue de gran importancia en vista de la desconfianza en los círculos políticos y la opinión pública en las repúblicas latinoamericanas. En Itamaraty, a inicios del siglo XX, Washington era considerado, no solo como la mejor defensa contra el imperialismo europeo —que seguía siendo una amenaza mayor al imperialismo de Estados

Unidos— sino que los norteamericanos proporcionarían a través de su política panamericanista el orden, la paz y la estabilidad que América Latina necesitaba.

Por otra parte, como ya fue expuesto en líneas anteriores, observamos desavenencias entre los intelectuales brasileños con relación a la posición a tomar frente al panamericanismo. Por otra parte, la mayoría de los escritores e intelectuales brasileños no se veían a sí mismos como parte de América Latina, si bien estaban conscientes de que compartían un pasado ibérico con las repúblicas hispánicas y una religión en común, estaban separados por otros factores, en primer lugar, el recorrido histórico para alcanzar la Independencia y no menos importante, el factor geográfico, si tomamos en consideración los obstáculos que implican estar rodeados por la selva amazónica. En una aseveración que puede considerarse arriesgada o demasiado fuerte, los brasileños en general no se veían e incluso hoy día no se ven a sí mismos como «latinoamericanos» en sentido estricto.

Como se ha visto a lo largo de esta investigación, Brasil a diferencia de la mayoría de los gobiernos de la América española, no criticó a los Estados Unidos durante la guerra con España en 1898, y siempre mantuvo su aprobación a la reedición de la Doctrina Monroe a través del Corolario Roosevelt, asimismo, se hizo la vista gorda ante las diversas intervenciones de Washington en México, América Central y el Caribe, y le ofreció todo su apoyo en las Conferencias Panamericanas.

Bien entrados en el siglo XXI, hemos podido observar como Brasil fue reformulando su política exterior, orientándola a su afianzamiento en el ámbito multilateral, pero sobre todo a la rediversificación de nuevos mecanismos en la región.

Con la llegada del siglo XXI, el contenido político del panamericanismo ha sufrido alteraciones substanciales, a pesar de esto no se puede afirmar que es el fin de este, incluso, estamos lejos de esa situación.

Para Brasil, dentro de su estrategia global en política exterior es totalmente prioritario mantener sus relaciones de cordialidad con Estados Unidos, pero sobre todo potenciar sus relaciones con los vecinos del Sur y con el resto del mundo. En esta línea de objetivos y acciones, Brasil espera seguir desarrollando una fuerte economía de mercado y a su vez, organizar a los países en vías de desarrollo de mayor y de menor importancia en torno a una coalición más fuerte en las negociaciones comerciales de la Ronda de Doha en el marco de la Organización Mundial del Comercio. Asimismo, uno de sus propósitos en el marco de la Organización de las Naciones Unidas es asegurar un asiento en un Consejo de Seguridad ampliado, así como ampliar su derecho de voto en el Banco Mundial y en el Fondo Monetario Internacional.

Cronología

1889
• Celebración de la Primera Conferencia Internacional Americana en Washington (02 de octubre)
• Caída del Imperio del Brasil y Proclamación de la República (15 de noviembre)
• Reconocimiento del régimen republicano por Argentina (19 de noviembre), Estados Unidos y Uruguay (20 de noviembre)

1891
• Firma del Tratado de Reciprocidad entre Brasil y Estados Unidos, convenio que concede tarifas preferenciales a mercaderías estadounidenses y a productos agrícolas brasileños (31 de enero).

1901
• Arrendamiento del territorio del Acre realizado por Bolivia al consorcio angloamericano Bolivian Syndicate (11 de julio).

1902
• Toma de posesión como presidente del Gobierno de Brasil, Rodrigues Alves (15 de noviembre).
• José María da Silva Paranhos Júnior, Barón de Río Branco, asume el cargo de Ministro de Relaciones Exteriores de Brasil (03 de diciembre).

1903
• Firma del Tratado de Petrópolis entre Brasil y Bolivia, mediante el cual se intercambian territorios y se dan compensaciones económicas a Bolivia. El territorio del Acre es incorporado a Brasil.

1904
• La cuestión de Guyana Inglesa es resulta mediante la sentencia arbitral del Rey de Italia, Victor Emanuel III, que divide el territorio (06 de junio)

1905
• Estados Unidos y Brasil elevan sus representaciones diplomáticas en Río y Washington, respectivamente a Embajadas

1906
• Firma en Rio de Janeiro del Tratado relativo a los límites entre Brasil y Guyana Holandesa (actual Surinam) (05 de mayo)
• Se inaugura la Tercera Conferencia Panamericana en Río de Janeiro con la presencia del Secretario de Estado norteamericano, Elihu Root (23 de julio)

1907
• Realización de la II Conferencia de La Haya (18 de octubre)

1908
• Caso del Telegrama n.9, donde el excanciller Etanislao Zeballos denuncia el «peligro brasileño» (20 de octubre)

1909
• Firma del Tratado de Límites y Navegación entre Brasil y Perú (08 de septiembre)

• Firma del Tratado de formaliza la concesión unilateral por parte de Brasil del condominio de la Laguna Mirim y del río Jaguarao al Uruguay (30 de octubre)

1912
• Muere el Barón de Río Branco a los 67 años, en el ejercicio de su cargo como canciller. (10 de febrero)

Fuentes consultadas

Fuentes documentales

AHMPPRE. Archivo Antiguo. Brasil. Tercera Conferencia Panamericana celebrada en Río de Janeiro, en 1905. Exp. 85. F.65 vto.

AHMPPRE. Archivo Antiguo. Estados Unidos. Correspondencia con la Legación de Venezuela en Washington. 1905-1906. Vol.63. F. 172.

ARCHIVOS PRESIDENCIALES DE FRANCISCO DE PAULA RODRÍGUES ALVES. Instituto Histórico y Geográfico Brasileño. Rio de Janeiro, 1990.

CONFERENCIAS INTERNACIONALES AMERICANAS. Dotación Carnegie para la Paz Internacional. Washington, 1938.

JORNAL DO COMMERCIO. Sección de Periódicos. Biblioteca Nacional, Rio de Janeiro.

MINISTERIO DE RELACIONES EXTERIORES DE BRASIL. Obras del Barón de Rio Branco: volumen VIII-Discursos. Rio de Janeiro: Impresa Nacional, 1948.

--. Obras del Barón de Rio Branco: volumen IX-Discursos. Rio de Janeiro: Impresa Nacional, 1948.

MINISTERIO DEL PODER POPULAR PARA RELACIONES EXTERIORES DE VENEZUELA. *Venezuela y las Conferencias Panamericanas. 1889/1923.* Caracas, 2011.

NABUCO, Joaquim. Un estadista del imperio y otros textos. Nro 167. Biblioteca Ayacucho. Caracas, 1991.

OLIVEIRA LIMA, Manuel de. Pan-americanismo. H. Garnier, Livreiro Editor. Río de Janeiro, 1907.

--. Impresiones de la América española (1904-1906). Caracas, Academia Nacional de la Historia, 1981.

FUNDAÇÃO ALEXANDRE DE GUSMÃO. O Barão do Rio Branco visto por seus contemporáneos: Série de artigos publicados pela Revista Americana. Org. Centro de Historia y Documentación Diplomática. Brasilia, 2002.

Bibliografía

ACCIOLY, Hildebrando. *Raízes ou causas históricas do Panamericanismo*. Ministério das Relações Exteriores, Serviço de Publicações. Rio de Janeiro, 1953.

ALVAREZ, Alejandro. La diplomacia de Chile durante la emancipación, y la sociedad internacional americana. Santiago. Imprenta Barcelona, 1911.

ANTIASOV, Marat. *Panamericanismo: Doctrina y hechos*. Editorial Progreso. Moscú, 1986.

ARAUJO JORGE, A.G. *Introdução as obras do Barão do Rio-Branco*. Ministério das Relações Exteriores. Rio de Janeiro, 1945.

ARDAO, Arturo. Panamericanismo y latinoamericanismo. En: ZEA, Leopoldo (coord.). *América Latina en sus ideas*. México: Siglo XXI, UNESCO, 1986, pp. 157-171.

BELLO, José María. *A history of modern Brazil. 1889-1964*. Stanford University Press, 1966.

BOBBIO, Norberto. *Diccionario de Política*. Siglo Veintiuno Editores. 10 a Edición. México DF. 1997.

BUENO, Clodoaldo. Política Externa da Primeira Republica. Os anos de apogeu de 1902 a 1918. Editorial Paz e Terra. São Paulo, 2003.

BUENO, Clodoaldo y CERVO, Amado Luiz. *Historia da política exterior do Brasil*. Editora Universidade de Brasília. Brasília, 2002.

BURNS, E. Bradford. A aliança não escrita. O Barão do Rio Branco e as Relações Brasil - Estados Unidos. EMC Edições. Rio de Janeiro, 2003.

------------------------------. *A history of Brazil*. NY Columbia. Nueva York, 1980.

BYRNE LOCKEY, Joseph. *Orígenes del Panamericanismo*. Empresa El Cojo. Caracas, 1927.

CARVALHO, Alfonso. *Rio Branco*. Editora Biblioteca Militar. Rio de Janeiro, 1945.

DE MELO FRANCO, Alfonso Arinos. *Rodrigues Alves. Apogeu e Declínio do Presidencialismo.* Volumen 1. Coleção Biblioteca Brasileira. Senado Federal, Brasília, 2001.

DENISSON, Stephanie. «A aproximação das duas Américas»: A promoção do Brasil feita por Joaquim Nabuco em Universidades Americanas. En: Kenneth David Jackson. Org. Conferencias sobre Joaquim Nabuco. Editorial Bem-Te-Vi Produções Literárias Ltda. Rio de Janeiro, 2010.

--------------------------------. Joaquin Nabuco. *Monarquism, Panamericanism and Nation Building in the Brasilian Belle Epoque.* Peter Lang Publishers, Berna. 2006.

DIEZ DE VELASCO, Manuel. *Las Organizaciones Internacionales.* Editorial Tecnos. Madrid, 2010.

FAUSTO, Boris. *Historia do Brasil.* Universidade de São Paulo. São Paulo, 2008.

-----------------------. Historia Geral da Civilização Brasileira. Tomo III, O Brasil Republicano. Estrutura de Poder e Economia (1889-1930). Editora Bertrand Bra-sil. Rio de Janeiro, 2006.

GOES, Synesio. *Navegantes, bandeirantes, diplomatas.* Editorial Martins Fontes. São Paulo, 1999.

GONCALVES, Williams y WERNECK DA SILVA, Jose Luiz. *Relações Exteriores do Brasil I (1808-1930).* Editora Vozes. Petrópolis, 2009.

GORDIM DA SILVEIRA, Helder. Joaquim Nabuco e Oliveira Lima: Faces de um Paradigma Ideológico da Americanização nas Relações Internacionais do Brasil. Edipucrs. Porto Alegre, 2003

IGLESIAS, Francisco. *Historia Política de Brasil.* (1500-1964). Colecciones Mapfre. Madrid, 1992.

KENNEDY, Paul. *Auge y caída de las grandes potencias.* Plaza & Janes Edito-res. Barcelona, 1998.

LOPEZ, Horacio. Secesionismo, anexionismo, independentismo en nuestra América: Herramientas de la dominación. Fundación El Perro y la Rana. Caracas, 2008.

MENDES DE OLIVEIRA CASTRO, Flavio. Historia *da Organização do Ministério das Relações Exteriores.* Editora Universidade de Brasília. Brasília, 1983.

MENDIBLE, Alejandro. *Venezuela / Brasil: sus relaciones diplomáticas en 1905.* Fondo Editorial de Humanidades de la Universidad Central de Venezuela. Caracas, 2005.

-------------------------. *Venezuela-Brasil: la historia de sus relaciones desde sus inicios hasta el umbral del Mercosur 1500-1997*. Fondo Editorial de Humanidades de la Universidad Central de Venezuela. Caracas, 1997.

MENDOZA, Renato. *Breve historia del Brasil*. Ediciones Cultura Hispánica. Madrid, 1950.

MONIZ BANDEIRA, Luiz Alberto. *Presencia de Estados Unidos en Brasil: Dos siglos de historia*. Editorial Corregidor. 1ra Edición. Buenos Aires, 2010.

NABUCO, Carolina. *A vida de Joaquim Nabuco*. Companhia Editora Nacional. 1928.

NAPOLEÃO, Aluzio. *Rio Branco e as relações entre o Brasil e os Estados Unidos*. Biblioteca do Exercito Editora. Rio de Janeiro, 1999.

NOGUEIRA, Marco Aurelio. *O encontro de Joaquim Nabuco com a política*. Editorial Paz e Terra. São Paulo, 2010.

PASTOR, Robert. El Remolino: La Política Exterior de Estados Unidos hacia América Latina y el Caribe. Siglo XXI Editores. México, 1995.

PEARSON, Frederic S. y ROCHESTER, J. Martin. *Relaciones Internacionales: Situación global en el siglo XXI*. MC Graw Hill. Bogotá, 2001.

PEPIN, Eugêne. *Le Panamericanisme*. Collection Armand Colin. Paris, 1938.

RICUPERO, Rubens. *Baron de Rio Branco*. Editorial Nueva Mayoría. Buenos Aires, 2000.

-----------------------------. *Rio Branco, o Brasil no mundo*. Petrobras e Nusep. Rio de Janeiro, 2000.

SELSER, Gregorio. *Cronología de las Intervenciones Extranjeras en América Latina: 1899-1955*. Cuadernos del CIICH. Universidad Autónoma de México. México, 2001.

SOUZA ANDRADE, Olímpio. *Joaquim Nabuco e o Pan-Americanismo*. Cia. Editora Nacional. São Paulo, 1950.

TOUCHARD, Jean. *Historia de las ideas políticas*. Editorial Tecnos. Madrid, 2006.

VARGAS GARCIA, Eugenio. (Organizador). *Diplomacia brasileira e política externa. Documentos históricos (1493-2008)*. Editorial Contraponto. Rio de Janeiro, 2008.

VIANA FILHO, Luis. *A vida do Barão do Rio Branco*. Editora Universidade Federal da Bahia. 2008.

VIANNA, Helio. Historia da Republica: Historia Diplomática do Brasil. VIII. Edicoes Melhoramentos. São Paulo, 1958.

VILLAFANE G. SANTOS, Luis Claudio. *O Brasil entre a America e a Europa*. Editora Unesp. São Paulo, 2003.

--. *El Imperio del Brasil y las Repúblicas del Pacífico*. 1822-1889. Universidad Andina Simón Bolívar. Quito, 2007.

REVISTAS

BETHELL, Leslie. Brazil and Latin America. Journal of Latin American Studies. Cambridge University Press. Vol. 42. pag. 457/485. Sep. 2010.

BUENO, Clodoaldo. Da Pax Britannica á hegemonía norteamericana: o integracionismo nas Conferencias Internacionais Americanas. *Estudos Históricos*, v. 10, n° 20. 2007.

CERVO, Luis Amado. Política exterior y relaciones internacionales de Brasil. Enfoque paradigmático. *Revista Brasileira de Política Internacional*. Vol 46. n.2 .Brasília Julio/Dic.2006

CORZO GONZÁLEZ, Diana. La Conformación de una política exterior mexicana en torno al corolario Roosevelt a la Doctrina Monroe, 1904-1906. *Revista Secuencia*, nueva época. N° 48, sep-dic. 2000.

COSTA, Licurgo. Aspectos de la contribución del Brasil al Panamericanismo. *Revista de Política Internacional*. N° 56, 1961.

FRAZÃO CONDURU, Guilherme. O subsistema americano, Rio Branco e o ABC. *Revista Brasileira de Política Internacional*. v.41 n.2 Brasília jul./dic. 1998.

GÓLCHER, Erika. La Segunda Guerra Mundial: Participación Costarricense en la Organización Panamericana (1936-1944). *Anuario de Estudios Centroamericanos*, Universidad de Costa Rica, 1996.

GRABENDORFF, Wolf. «Las posibilidades de conflicto regional y el comportamiento en conflictos interestatales en América Latina, *Revista Mundo Nuevo*, USB, julio-diciembre, n°. 18. Caracas, 1982.

MENDIBLE, Alejandro. Brasil: su legado imperial y su perfil de potencia actual, Presente y Pasado. *Revista de Historia*. Año 17. N° 33. Enero-Junio, 2012.

--------------------------------. El centenario de la llegada a Caracas del Embajador brasileño, Manuel de Oliveira Lima y la formación de su visión crítica del panamericanismo. *Revista Tierra Firme*, jul. 2003, vol.21, no.83.

MONTEOLIVA DORATIOTO, Francisco Fernando. A política platina do Barão do Rio Branco. *Revista Brasileira de Política Internacional*. vol.43 no.2 Brasília Julio/Dic. 2000.

PECHIR GOMES, Tânia Maria. Opinião pública e política externa do Brasil do Império a João Goulart: um balanço historiográfico. *Revista Brasileira de Política Internacional*, vol.42 no.1 Brasília Ene./Jun 1999.

PEREIRA, Paulo José dos Reis. A Política Externa da Primeira República e os Estados Unidos: a atuação de Joaquim Nabuco em Washigton (1905-1910). *Revista Brasileira de Política Internacional*, vol. 48, no. 2. Brasília, Dic. 2005.

SENNES, Ricardo. Las relaciones Brasil-Estados Unidos: un acuerdo tácito. *Revista Foreign Affairs Latinoamerica*. Volumen 8. Nº 4.

SWEIG, Julia E. La extensa agenda global de Brasil. *Revista Política Exterior*. Noviembre-Diciembre, 2010.

TOKATLIAN, Juan Gabriel. «La OEA repensando su crisis», *Revista Nueva Sociedad*, núm.72, julio- agosto. Caracas, 1984.

VASCO, Miguel Antonio. Atalaya diplomático. Biblioteca del Pensamiento Internacionalista del Ecuador. num. 7. 2007.

Documentos en línea

CONSTITUCIÓN DE LA REPÚBLICA FEDERATIVA DEL BRASIL. Disponible en: http://pdba.georgetown.edu/Constitutions/Brazil/esp88.html#mozTocId668348

FERNÁNDEZ BARAIBAR, Julio. El Barón de Río Branco y el primer A.B.C. Buenos Aires, mayo 2004. Documento disponible en línea:

http://licpereyramele.ar.tripod.com/Boletin3.html#Tres

FRANCO, Xavier. «La Celac y la incombustible quimera integracionista», disponible en: http://phelan.cl/archives/tag/celac.

GARAY VERA, Cristián. El Acre y los «Asuntos Del Pacífico»: Bolivia, Brasil, Chile y Estados Unidos, 1898-1909. Historia (Santiago) [online]. 2008, vol.41, n.2. Disponible en línea:

http://www.scielo.cl/scielo.php?pid=S07177194200800020000
2&script=sci_arttext

GARCÍA SARMIENTO, Félix Rubén. Fragmento del poema *A Roosevelt*. Disponible en http://www.poemas-del-alma.com/a-roosevelt.htm .

IGLESIAS, Enrique V. América Latina y la Diplomacia de Cumbres, Secretaria General Iberoamericana, México. P.10. Disponible en línea: http://segib.org/documentos/esp/Diplomaciaweb.pdf

LIMA DE ALMEIDA, João Daniel (2010). *Barão do Rio Branco x Celso Amorim*. Folha de São Paulo. 29-09-2010. Disponible en línea: http://www1.folha.uol.com.br/mundo/806133-barao-do-rio-branco-x-celso-amorim.shtml

MAYA SOTOMAYOR, Teresa. Estados Unidos y el Panamericanismo: El caso de la I Conferencia Panamericana (1889-1890). Documento disponible en: http://www.mexicodiplomatico.org/lecturas/estados_unidos_merica_panamericanismo%20 1889-1890.pdf

MENDIBLE, Alejandro. Brasil: su legado imperial y su perfil de potencia actual. Presente y Pasado. *Revista de Historia*. Año 17. N° 33. Enero-Junio, 2012. P.152. Documento disponible en línea: http://www.saber.ula.ve/bitstream/123456789/35845/1/artículo8.pdf.

MERKE, Federico. https://ideas.repec.org/a/erv/sgsgsg/y2008i218.html *Identidad Y Política Exterior. La Argentina Y Brasil En Perspectiva Histórica*, https://ideas.repec.org/s/erv/sgsgsg.html Sociedad Global, Grupo Eumed.net (Universidad de Málaga), issue 2, Diciembre. 2008.

PRADO, Eduardo. La Ilusión Americana. Documento disponible en línea: http://www.ebooksbrasil.org/eLibris/ilusao.html

RICUPERO, Rubens. «Formación de Consensos en Política Exterior». El caso de Brasil. Ponencia presentada ante el Ministerio de Relaciones Exteriores del Ecuador. Quito, 18 de Mayo de 2006. *Revista 44 de la Asociación de funcionarios y empleados del servicio exterior* (AFESE), p.p. 200-214, Quito. Documento disponible en: http://www.afese.com/img/revistas/revista44/consensos.pdf

ROJAS ARAVENA, Francisco. «Unión Latinoamericana y del Caribe: ¿Es una opción viable para consolidar el multilateralismo latinoamericano?», disponible en: http://www.iadb.org/intal/intalcdi/PE/2010/04730.pdf

Notas al pie

1 Se realiza tal planteamiento sobre identidades políticas, siguiendo el lineamiento del profesor Federico Merke sobre este proceso, particularmente en su estudio sobre Argentina y Brasil con una perspectiva histórica de sus políticas exteriores. Véase: MERKE, Federico. "Identidad Y Política Exterior. La Argentina Y Brasil En Perspectiva Histórica", Sociedad Global, Grupo Eumed.net (Universidad de Málaga), issue 2, Diciembre. 2008. Disponible en: https://ideas.repec.org/a/erv/sgsgsg/y2008i218.html.

2 Según el connotado historiador brasileño Helio Vianna, políticamente, la diferencia de origen condicionó los rumbos de los países de América. En el caso del localismo español, una vez transferido éste al Nuevo Mundo, tuvo como consecuencia el fraccionamiento de los cuatro vice-reinos del siglo XVIII (Nueva España, Nueva Granada, Perú y Río de la Plata), en las diecisiete repúblicas del siglo XIX. Mientras, la unidad portuguesa reflejada en cuatro núcleos de expansión brasileña (Bahía, Pernambuco, São Vicente y Maranhão-Pará) resultó en un Imperio también unitario. Véase, Helio Vianna (1958). Historia da República: Historia Diplomática do Brasil. VIII. São Paulo. Edições Melhoramentos. P. 278.

3 En este apartado el diplomático e historiador chileno Alejandro Álvarez sostiene la idea que el sentimiento de solidaridad internacional y fraternidad no existió con Brasil porque no hubo comunidad de acción en la lucha por la independencia ya que los hispanoamericanos veían al Brasil aún después de su independencia y transformación en Imperio como un Estado semieuropeo. Véase, Alejandro Álvarez (1911). La diplomacia de Chile durante la emancipación, y la sociedad internacional americana. Santiago. Imprenta Barcelona.

4 Cfr. Alejandro Mendible (2012). Brasil: su legado imperial y su perfil de potencia actual. Presente y Pasado. Revista de Historia. Año 17. N° 33. Enero-Junio, 2012. P.152. Documento disponible en: http://www.saber.ula.ve/bitstream/123456789/35845/1/articulo8.pdf, consultado el 23/10/12

5 Rubens Ricupeiro (2006). «Formación de Consensos en Política Exterior». El caso de Brasil. Ponencia presentada ante el Minis-

terio de Relaciones Exteriores del Ecuador. Quito, 18 de mayo de 2006. *Revista 44 de la Asociación de funcionarios y empleados del servicio exterior* (AFESE), p.p. 200-214, Quito. Documento disponible en: http://www.afese.com/img/revistas/revista44/consensos.pdf, consultado el 23/10/12.

6A inicios del siglo XX, Brasil gozaba de un sistema políticamente estable y «civilizado», en contraste con lo que la intelectualidad brasileña consideraba eran las repúblicas hispanoamericanas, caracterizadas por ser extremadamente violentas, inestables y bárbaras.

7 El Destino Manifiesto es la doctrina mediante la cual los Estados Unidos justificó su política expansionista y anexionista. Con orígenes de tipo religioso puritano, los primeros colonos ingleses justificaban tal acción ya que estaban convencidos de ser el pueblo elegido por Dios para sobresalir y guiar a los demás pueblos del continente americano. Véase, Horacio López (2008). *Secesionismo, anexionismo, independentismo en nuestra América: Herramientas de la dominación*. Caracas. Fundación El Perro y la Rana. P.P. 21-22.

8 Clodoaldo Bueno (2003). *Os anos de apogeu de 1902 a 1918*. São Paulo. Paz e Terra. P.38

9 Joseph Byrne Lockey (1927). *Orígenes del Panamericanismo*. Caracas. Editorial El Cojo. P.4.

10 Norberto Bobbio (1997). *Diccionario de Política*. México DF. Siglo Veintiuno Editores. 10 a. P. 1117.

11 No solo se estaba en presencia de una expansión económica por parte de los Estados Unidos, el crecimiento económico y demográfico de ese país suscitó un impulso nacionalista que se manifestó con gran amplitud en la Guerra Hispanoamericana de 1898, que dio como resultado la anexión de Puerto Rico y la invasión a Cuba.

12 Las repúblicas hispanas mantenían sus suspicacias hacia el Imperio del Brasil, en razón de su modelo político y de sus dimensiones territoriales que abarcaban casi la mitad de América del Sur. En las pocas ocasiones que fueron celebradas conferencias entre los países hispanoamericanos, éstos extendieron su invitación a Brasil para participar, pero de manera informal. Brasil nunca asistió.

13 Luiz Alberto Moniz Bandeira (2010). *Presencia de Estados Unidos en Brasil: Dos siglos de historia*. Buenos Aires. Editorial Corregidor. 1ra Edición. P. 78.

14 Luís Cláudio Villafane (2003). *O Brasil entre a América e a Europa*. Sao Paulo. Editora UNESP. P. 109.

15 Este tema preocupaba especialmente a Chile, cuyo gobierno se sentía amenazado ante una eventual apertura del caso de los límites con Bolivia y Perú, en el que Santiago pudiese resultar desfavorecido.

16 Instrucciones del gobierno imperial a los delegados brasileños a la Conferencia de Washington. 1889. *Cfr.* en *Op. cit.* Luís Cláudio Villafane (2003). P. 109.

17 Helder Gordim Da Silveira (2003). Joaquim Nabuco e Oliveira Lima: Faces de um Paradigma Ideológico da Americanização nas Relações Internacionais do Brasil. Porto Alegre. EDIPUCRS. P. 113.

18 Teresa Maya Sotomayor. Estados Unidos y el Panamericanismo: El caso de la I Conferencia Panamericana (1889-1890). P. 761. Documento disponible en: http://www.mexicodiplomatico.org/lecturas/estados_unidos_merica_panamericanismo%20 1889-1890.pdf, consultado el 23/10/12.

19 En la Segunda Conferencia Panamericana se trató principalmente el tema del arbitraje, en esta el jefe de la delegación brasileña, José Higino Duarte Pereira propuso la codificación del derecho público americano.

20 En 1898, Brasil prestó apoyo a Estados Unidos en su primera y decisiva expansión militar a Cuba y Puerto Rico. De hecho, y no obstante a su posición oficial de neutralidad, el apoyo brasileño llegó a materializarse en la venta de navíos poco antes del estallido del conflicto. Véase a Helder Gordim Da Silveira (2003). *Op. cit.* P. 116.

21 Como seguimiento del Congreso de Viena en el que Bolívar tratará de contrarrestar las tendencias conservadoras, y Brasil que fue invitado a la cita, acepta como parte de una cuestión de supervivencia porque temía el aislamiento, sin embargo, al final no asiste.

22 Rodrigo Borja (2003). *Enciclopedia de la Política*. México. Fondo de Cultura Económica de México. P. 1047.

23 James Blaine ocupó la Secretaría de Estado norteamericano en dos ocasiones, la primera entre marzo y diciembre de 1881 bajo la presidencia de James A. Garfield, y la segunda desde marzo de 1889 hasta junio de 1892, durante el mandato de Benjamín Harrison.

24 *Op. cit.* Teresa Maya Sotomayor. Estados Unidos y el Panamericanismo: El caso de la I Conferencia Panamericana (1889-1890). P. 772.

25 Jean Touchard (2006). *Historia de las ideas políticas.* Madrid. Editorial Tecnos. P.536.

26 Henry Clay fungió como Secretario de Estado norteamericano desde marzo de 1825 hasta marzo de 1829 bajo el mandato de John Quincy Adams.

27 Marat Antiasov (1986). *Panamericanismo: Doctrina y hechos.* Moscú. Editorial Progreso. P.11.

28 *Ibidem.* P.12.

29 La idea central que afirma a los Estados Unidos como líder «natural» en el continente americano fue desarrollada en un folleto de Henry M. Brackenride titulado Carta para Monroe sobre la situación actual en Sudamérica, publicado en 1817.

30 Leslie Bethell (2010). Brazil and «Latin America». *Journal Latin American Students.* 42, 457-485 f Cambridge University Press. P. 464

31 *Op. cit.* Marat Antiasov. P.4.

32 Recuérdese que por lo menos desde 1889, Estados Unidos practicó cerca de treinta intervenciones en el papel de policía internacional en América Central y el Caribe (Cuba, Venezuela, Panamá y Nicaragua).

33 Itamaraty es el nombre de un palacio ubicado en Río de Janeiro, construido por un Conde del mismo nombre y que fue comprado por el Gobierno de Brasil para acoger a los primeros Jefes de Estado de la República. Con la mudanza de la residencia de los presidentes al Palacio de Catete, pasó a ser la residencia del Canciller Rio Branco. Hoy día Itamaraty es el nombre simbólico que representa la política exterior de Brasil.

34 Véase el Informe de la delegación argentina en la II Conferencia Panamericana en Joseph Byrne Lockey (1927). *Op. cit.* P.14.

35 En este sentido el autor Clodoaldo Bueno (2003) señala que los métodos del imperialismo norteamericano no fueron los típicos de la época, por el hecho de que los Estados Unidos habían sido una colonia europea y tanto la opinión pública como el Legislativo de ese país presionaban para que se evitara una imposición en América Latina.

36 *Op. cit.* Rodrigo Borja (2003). P. 1048.

37 Diana Corzo González (2000). La Conformación de una política exterior mexicana en torno al corolario Roosevelt a la Doc-

trina Monroe, 1904-1906. *Revista Secuencia*, nueva época. N° 48, sep-dic. P. 186.

38 *Op. cit.* Helder Gordim Da Silveira (2003). P. 88.

39 *Ibidem,* P. 88.

40 *Cfr.* Fragmento del poema *A Roosevelt* escrito por Rubén Darío y en el cual enaltece el carácter hispánico frente a la amenaza del imperialismo estadounidense. Disponible en http://www. poemas-del-alma.com/a-roosevelt.htm. Vale destacar que el nicaragüense para la fecha en que escribió este poema se encontraba cumpliendo funciones diplomáticas como miembro de una comisión nombrada por el gobierno nicaragüense y cuya finalidad era resolver una disputa territorial con Honduras. Asimismo, Rubén Darío participó como secretario de la delegación nicaragüense en la Tercera Conferencia Panamericana de 1906, celebrada en Río de Janeiro. Ese año escribió un nuevo poema llamado «Salutación del águila», en el que cambia su visión de los Estados Unidos.

41 El propio Río Branco se enorgullecía del carácter diferenciador que poseía Brasil con relación a América Hispana, caracterizada por convulsiones políticas y problemas financieros.

42 *Op. cit.* Leslie Bethell. P. 465.

43 *Op. cit.* Diana Corzo González. P.P. 185-186.

44 *Idem.* P.P. 192-193.

45 *Idem.* P.P. 186-187.

46 En 1905 ese país firmó una Convención con los Estados Unidos, autorizando al gobierno estadounidense a recaudar y administrar los derechos de aduana de ese país caribeño para cobrar los ingresos fiscales y de esta manera se destinaban 45% de lo percibido al gobierno dominicano y 55% a la amortización de la deuda externa. Véase, Gregorio Selser (2001). *Cronología de las Intervenciones Extranjeras en América Latina: 1899-1955*. México. Cuadernos del CIICH. Universidad Autónoma de México.P. 116.

47 Robert Pastor (1995). El Remolino: La Política Exterior de Estados Unidos hacia América Latina y el Caribe. México. Siglo XXI Editores.P.178.

48 De este modo surgieron criticas incluso desde los Estados Unidos, a este tenor, el presidente Taft resolvió «sustituir las balas por dólares» en una política claramente diferenciada de su antecesor.

49 AI IMPPRE. Archivo Antiguo. Estados Unidos. Correspondencia con la Legación de Venezuela en Washington. 1905-1906. Vol. 63. F. 172.

50 Dunshee De Abranches (1945). Rio Branco e a política exterior do Brasil (1902-1912). Rio de Janeiro. Editorial Jornal do Brasil. P.84.

51 Op. cit. Rubens Ricupeiro (2006) en su ponencia «Formación de Consensos en Política Exterior».

52 Alejandro Mendible (2005). *Venezuela/Brasil: sus relaciones diplomáticas en 1905*. Caracas. Fondo Editorial de Humanidades de la Universidad Central de Venezuela. P. 31.

53 Renato Mendoza (1950). *Breve historia del Brasil*. Madrid. Ediciones Cultura Hispánica. P. 111.

54 Asignado de julio a septiembre de 1911.

55 Juansilvano Godoi (2002). El Barón de Río Branco. *En O Barão do Rio Branco visto por seus contemporáneos: Série de artigos publicados pela Revista Americana*. Brasilia. Org. Fundação Alexandre de Gusmão. Centro de Historia y Documentación Diplomática. P. 26.

56 Frederic S. Pearson y J. Martin Rochester (2001). *Relaciones Internacionales: Situación global en el siglo XXI*. Bogotá. MC Graw Hill. P. 634.

57 Tânia Maria Pechir Gomes (1999), *Apud* Álvaro Lins en Opinião pública e política externa do Brasil do Império a João Goulart: um balanço historiográfico. *Revista Brasileira de Política Internacional*, vol.42 no.1 Brasília Ene./Jun.

58 Clodoaldo Bueno y Amado Luiz Cervo (2002). *Historia da política exterior do Brasil. Brasília*. Editora Universidade de Brasília. P. 178.

59 William Gonçalves y José Luiz Werneck Da Silva (2009). *Relações Exteriores do Brasil I. (1808-1930)*. Petrópolis. Editora Vozes. P. 117.

60 A las que Joaquim Nabuco, Embajador de Brasil en Washington llamaba «menores repúblicas hispanoamericanas» mientras que Río Branco se refería a ellas como «republiquetas». Véase *Op. cit* Clodoaldo Bueno (2003). P.137.

61 E. Bradford Burns (1980). *A history of Brazil*. Nueva York. Columbia. P. 234

62 Rubens Ricupeiro (2009). *Rio Branco: O Brasil no mundo*. Rio de Janeiro. Editorial Contraponto. P. 6.

63 Véase *Op. cit*. Rubens Ricupeiro (2009). P. 32.

64 AHI. Telegrama para Washington, 23-11-1909. Rio Branco *Apud* Clodoaldo Bueno (2003). P. 139.

65 Alejandro Mendible (2003). El centenario de la llegada a Caracas del Embajador brasileño, Manuel Oliveira Lima y la formación de su visión crítica del panamericanismo. *Revista Tierra Firme*, jul., vol.21, no.83. P. 386.

66 Término utilizado por el autor Leandro Tocantis y mencionado en libro de Alfonso Arinos de Melo Franco (2001). *Rodrigues Alves: Apogeu e declínio do presidencialismo*. P. 343.

67 Ibídem.

68 Telegrama del Ministerio de Relaciones Exteriores, del 24 de enero de 1903 dirigido a la Legación brasileña en Lisboa, sobre la interpretación del Tratado de La Paz de Ayacucho de 1867 entre Brasil y Bolivia. Disponible en Diplomacia Brasileña y Política Externa. Documentos históricos.

69 Op. cit. Rubens Ricupeiro (2009). Rio Branco, O Brasil no mundo. P. 29.

70 Tratado de intercambio de territorios y otras compensaciones entre Brasil y Bolivia, concluido en la ciudad de Petrópolis, el 17 de noviembre de 1903. En *Diplomacia Brasileña y Política Externa. Documentos históricos 1493-2008*. Editorial Contrapunto. S/P.

71 *Op. cit.* Rubens Ricupeiro (2009). P. 31.

72 *Cfr.* Cristián Garay Vera. El Acre y los «Asuntos Del Pacífico»: Bolivia, Brasil, Chile y Estados Unidos, 1898-1909. Historia (Santiago) [online]. 2008, vol.41, n.2 [citado 2012-10-22], P.P. 341-369. Documento disponible en: http://www.scielo.cl/scielo.php?pid=S0717-71942008000200002&script=sci_arttext, consultado el 21/10/2012

73 Paul Kennedy (1998). *Auge y caída de las grandes potencias*. Barcelona. Plaza & Janes Editores. P. 338.

74 *Op. cit.* Tânia Maria Pechir Gomes. Opinião pública e política externa do Brasil do Império a João Goulart: um balanço historiográfico. S/p.

75 Amado Luiz Cervo y Clodoaldo Bueno señalan que desde que estuvo en misión junto al gobierno de Suiza para defender la causa brasileña en el litigio con Francia por la posesión de Amapa, Río Branco recelaba de la agresividad europea. Tal recelo lo llevo a valorizar el carácter defensivo de la Doctrina Monroe. *Op. cit.* Amado Luiz Cervo y Clodoaldo Bueno. *Historia da política exterior do Brasil. P.* 181.

76 Julio Fernández Baraibar (2004). El Barón de Río Branco y el primer A.B.C. Buenos Aires, mayo. Documento disponible en

línea: http://politicaehistora.blogspot.com/2012/05/el-baron-de-rio-branco-y-el-primer-abc.html, consultado el 23/10/2012

77 *Op. cit.* Alejandro Mendible (2005). P. 31.

78 En tal sentido, el historiador William Gonçalves afirma que gracias a la política de valorización del café y del ciclo del caucho, las exportaciones brasileñas desarrollaron un nivel satisfactorio en cuanto a la relativa estabilidad político social interna que permitía al país una acción internacional más destacada, aquí entra en juego Estados Unidos que absorbía a través de la industria automovilística en expansión, la mayor parte de las exportaciones brasileñas de caucho. *Op. cit.* William Gonçalves y José Luiz Werneck Da Silva (2009). *Relações Exteriores do Brasil I. (1808-1930).*

79 Decreto n° 5.192, de 16 de abril de 1904, que concede reducción en los derechos de importación en Brasil para algunos artículos de procedencia de los Estados Unidos. En *Diplomacia Brasileña y Política Externa. Documentos históricos 1493-2008.* Editorial Contrapunto, S/P.

80 Clodoaldo Bueno citado por Alejandro Mendible (2005). P. 33.

81 Oswaldo Aranha Apud Rubens Ricupero (2006) en Op. cit. Ponencia sobre «Formación de Consensos en Política Exterior».

82 Mensaje presentado al Congreso Nacional en la apertura de la 3ª sesión de la 5ª Legislatura por el Presidente de la República, Francisco de Paula Rodrigues Alves. En *Diplomacia Brasileña y Política Externa. Documentos históricos 1493-2008.* Editorial Contrapunto, S/P.

83 Boris Fausto (2008). *Historia do Brasil.* São Paulo. Universidade de São Paulo. P. 248.

84 Burns *Apud* Julio Fernández Baraibar (2004). *Op. cit. El Barón de Río Branco y el primer A.B.C.* Buenos Aires.

85 En medio de las disputas territoriales que a afectaban a Argentina con sus vecinos a finales del siglo XIX, el historiador Luís Cláudio Villafañe Santos señala que se creó cierto mito de una alianza secreta entre Chile y Brasil, debido al interés de Santiago en atraer al Imperio brasileño a una alianza militar. Véase Luís Cláudio Villafañe (2007). *El Imperio del Brasil y las Repúblicas del Pacífico. 1822-1889.* Quito. Universidad Andina Simón Bolívar. P. 149.

86 *Op. cit.* Clodoaldo Bueno y Amado Luiz Cervo. (2003). P. 195.

87 *Op. cit.* Clodoaldo Bueno (2003). P.289.

88 AHÍ. Despacho reservado para Washington, 29-12-1907 citado por *Op. cit.* Clodoaldo Bueno (2003). P. 292.

89 Proyecto de Pacto del ABC. Diplomacia brasileira e política externa. Documentos históricos 1943-2008. Editorial Contrapunto, S/P.

90 Además del malentendido producto de la publicación de una traducción errónea del Telegrama N° 9 que colocaba en una posición incómoda al Brasil ante Chile. Argentina presentó otras razones para justificar su reticencia con relación a la propuesta del ABC, señalando su temor de despertar desconfianza en Perú e incluso dentro de los Estados Unidos.

91 AHÍ. Despacho reservado para Buenos Aires, 26/02/1909. (Rio Branco a Domicio da Gama).

92 Ileana Gómez Tovar (2011). El Corolario Roosevelt, Cipriano Castro y la Tercera Conferencia Panamericana. En *Venezuela y las Conferencias Panamericanas. 1889/1923*. Caracas. Ministerio del Poder Popular para Relaciones Exteriores. P. 337.

93 El Embajador brasileño en Washington, Joaquim Nabuco tuvo una estrecha relación con Root en virtud de las afinidades políticas, sobre todo el particular entusiasmo por el movimiento panamericano. Véase, Aluizio Napole ão (1999). *Rio Branco e as relações entre o Brasil e os Estados Unidos*. Rio de Janeiro. Editorial Biblioteca do Exército. P. 224.

94 Para más detalles de las consecuencias de esta visita en términos económicos, véase, Clodoaldo Bueno (2007). Da Pax Britannica á hegemonía norte-americana: o integracionismo nas Conferencias Internacionais Americanas. *Estudos Históricos*, v. 10, n° 20. P. 231-250.

95 En el marco de la Tercera Conferencia Panamericana se construyó el Palacio Monroe, que posteriormente acogió de manera temporal a la Cámara de Diputados desde 1914 hasta 1922 y el Senado desde 1922 hasta 1937, cuando fue cerrado por Getulio Vargas. El edificio fue demolido en 1976. *Op. cit.* Leslie Bethell. P. 464

96 *Op. cit.* Clodoaldo Bueno (2003). P.87

97 AHMPPRE. Archivo Antiguo. Estados Unidos. Correspondencia con la Legación de Venezuela en Washington. 1905-1906. Vol. 63. F. 272-275.

98 AHMPPRE. Archivo Antiguo. Brasil. Tercera Conferencia Panamericana celebrada en Río de Janeiro, en 1905. 1905-1914. Exp.85. F.75.

99 Gelson Fonseca Junior (2002). Rio Branco e o panamericanismo: Anotações sobre a Conferencia Internacional Americana. P. 398. En Rio Branco: *A América do Sul e a Modernização do Brasil*. Brasilia.Ministério de Relações Exteriores.

100 El Gobierno de Venezuela contestó al Gobierno del Brasil agradeciendo la invitación a la cita, pero manifestando que se abstendría de asistir debido a su desacuerdo con la fijación del lugar y fecha para la celebración de la Conferencia. Véase, AHMPPRE. Archivo Antiguo. Brasil. Tercera Conferencia Panamericana celebrada en Río de Janeiro, en 1905. Exp. 85. F.65 vto. Venezuela aspiraba ser sede de ese encuentro.

101 Discurso inaugural pronunciado el 23 de julio de 1906 por el Barón de Río Branco. Véase, Ministerio de Relaciones Exteriores de Brasil. Obras del Barón de Rio Branco: volumen VIII-Discursos. Rio de Janeiro: Impresa Nacional, 1948.P. 87.

102 *Op. cit.* Clodoaldo Bueno (2003). P.67.

103 José Maria Da Silva Paranhos. *Apud*, Hildebrando Accioly (1953). *Raízes ou causas históricas do Panamericanismo*. Rio de Janeiro. Ministério das Relações Exteriores. P.65.

104 *Op. cit.* Gelson Fonseca Junior (2002). P.P. 397-398.

105 *Op. cit.* Ileana Gómez Tovar. P.348.

106 Para más detalle, véase, *Op. cit.* Helio Vianna. P. 281.

107 *Op. cit.* Hildebrando Accioly. P.67.

108 Hacia fines del siglo XIX y comienzos del siglo XX surgen en la región numerosas publicaciones de obras con temáticas americanistas como Ariel (1900) del ya mencionado José Enrique Rodó (1871-1917), El porvenir de América Latina (1910) de Manuel Ugarte, La evolución social y política de Hispano América (1911) de Rufino Blanco Fombona (1874-1944), A ilusão americana (1893) de Eduardo Prado (1860-1901), A América Latina (1905) de Manoel Bonfim y también, Panamericanismo (1907) de Manuel Oliveira Lima (1867-1928).

109 *Cfr.* Documento disponible: http://www.ebooksbrasil.org/ eLibris/ilusao.html, consultado el 23/10/2012

110 A los efectos de este libro destacamos los aportes de Nabuco, Oliveira Lima y el Barón de Río Branco como intelectuales y diplomáticos, sin embargo, para un análisis más general del asunto destacan otros autores como el escritor Manoel Bomfim y José Veríssimo. Bomfim, quién en su texto «A América Latina: males de orêgem» publicado en Rio de Janeiro en el año de 1905, criticó al igual que Oliveira Lima al panamericanismo, ya que a su juicio significaba simplemente «dominación estadounidense», justificada por una visión negativa asociada mayormente a América Latina por parte de Estados Unidos y Europa, para facilitar su do-

minación y explotación. Bomfim defendía la idea de fraternidad y solidaridad entre Brasil y la América Hispana basada en una «homogeneidad de sentimientos». A su vez, José Veríssimo, poeta y periodista, criticó la política económica de los Estados Unidos y su imperialismo político, así como la influencia cultural de los norteamericanos en la América española y en Brasil. No obstante, fue negativo en su actitud hacia las repúblicas hispanoamericanas y mostró poca simpatía con la idea de «confraternidad latinoamericana». Para más información al respecto sobre las cuestiones mencionadas, véase *Op. cit.* Leslie Bethell. P.P. 471-472.

111 Es menester hacer referencia a la Revista Americana, en virtud de su relación e influencia en la difusión de los postulados panamericanistas difundidos y defendidos bajo la gestión de canciller Rio Branco. Pues bien, tal como lo afirma Ricardo Souza de Carvalho en su artículo La Revista Americana (1909-1919) y el diálogo intelectual en Latinoamérica, la diplomacia estimula el acercamiento entre los hombres de letras brasileños e hispanoamericanos. Los diplomáticos son a la vez intelectuales que escriben sobre el país donde trabajan e intercambian libros y periódicos. En el caso Brasil, el Barón de Río Branco tuvo como objetivo reunir a su alrededor a los mayores intelectuales brasileños de la época para promoverlos en la carrera diplomática y teniendo ese objetivo en mente, articula la diplomacia y las letras con el auspicio de la Revista Americana, la cual fue fundada en octubre de 1909. La Revista Americana no llega a contar con colaboradores estadounidenses y los artículos que versan en algún modo sobre los Estados Unidos, abarcan principalmente los temas del panamericanismo y la Doctrina Monroe.

112 *Op. cit.* William Gonçalves y José Luiz Werneck Da Silva (2009). P.145.

113 Con la llegada de Rodrigues Alves a la Presidencia en 1902, se manejaron los nombres de Río Branco, Nabuco y Oliveira Lima como probables ocupantes de la cartera de Exteriores, que finalmente recayó en el primero. Lo mismo ocurrió a final de 1906, cuando Alfonso Pena asumió la Presidencia, tanto Nabuco como Oliveira Lima estaban entre los más nombrados para suceder a Río Branco en Itamaraty, manteniéndose el Barón en su cargo. *Op. cit.* Helder Gordim Da Silveira. P.P. 133-134.

114 Ministerio de Relaciones Exteriores de Brasil (1948). *Obras do Barão do Rio Branco VIII. Estudos* Históricos. MRE, 1948. P.131.

115 *Ibidem.* P.135-136.

116 *Ibidem*. P.150.

117 *Ibidem*. P. 151.

118 *Ibidem*. P.151.

119 Lloyd Griscom *Apud* Aluzio Napoleão. *Op. cit.* P. 242.

120 José Maria Da Silva Paranhos. *Apud*, Helder Gordim Da Silveira. P. 121.

121 Despacho de enero de 1905 a la Legación Brasileña en Washington. Archivo Histórico del Ministerio de Relaciones Exteriores de Brasil. *Apud*, José Honorio Rodrigues. Os fundamentos da política externa brasileira. En: Carlos Enrique Alvaro Da Costa (2003). *O Barão do Rio Branco por grandes autores.* Rio de Janeiro. Org. Editorial EMC. S/p.

122 Nació en Recife el 19 de agosto de 1849, en el seno de una familia ligada a la élite señorial pernambucana. Fue una figura destacada en el campo político e intelectual brasileño antes de ser Embajador de Brasil en los Estados Unidos, debido a la publicación de una importante obra que abogaba por abolición de la esclavitud en Brasil.

123 Sthephanie Dennison (2010). «A aproximação das duas Américas»: A promoção do Brasil feita por Joaquim Nabuco em Universidades Americanas. En: Kenneth David Jackson. Org. *Conferencias sobre Joaquim Nabuco.* Rio de Janeiro. Editorial Bem-Te-Vi Produções Literárias Ltda. P. 79.

124 Joaquim Nabuco. *Apud* Olímpio de Souza Andrade (1950). *Joaquim Nabuco e o Pan-Americanismo.* São Paulo. Cia. Editora Nacional, P.P. 52-53.

125 De 1908 a 1909, Nabuco dictó seis conferencias en renombradas universidades estadounidenses (Yale, Chicago, Vassar, Cornell y Wisconsin) en las que promovió a su país como una nación idealista y progresista, en un camino paralelo al de los Estados Unidos. *Cfr. Op. cit.* Kenneth David Jackson. O embaixador americanista: As conferencias de Joaquim Nabuco nos Estados Unidos. P. 12.

126 Joaquim Nabuco *Apud* Kenneth David Jackson. *Op. cit.* P. 11.

127 Carolina Nabuco (1929). *A vida de Joaquim Nabuco.* São Paulo. P. 432 y en Aluzio Napoleão. *Op. cit.* P. 246.

128 *Op. cit.* Kenneth David Jackson. P. 13.

129 Joaquim Nabuco. *Apud* Clodoaldo Bueno (2003). *Op. cit.* P. 166.

130 Joaquim Nabuco. *Apud* Alfonso Carvalho (1945). *Rio Branco.* Rio de Janeiro. Editora Biblioteca Militar. P. 220.

131 Nació el 25 de diciembre de 1867 en Recife, hijo de un comerciante portugués. Se formó en Europa e ingresó a la carrera diplomática a los 23 años.

132 Sin embargo, Perú, destino al que había sido asignado como una especie de «castigo», se tornó particularmente relevante en virtud de las negociaciones entre Brasil y este país en virtud de las pretensiones peruanas en el Amazonas, por este motivo Oliveira Lima fue removido y enviado a Caracas.

133 *Op. cit.* Alejandro Mendible (2005). P.20.

134 *Op. cit.* Alejandro Mendible (2005). P.18.

135 Manuel Oliveira Lima (1907). *Pan-Americanismo (Monroe, Bolívar, Roosevelt)*. Rio de Janeiro H. Garnier, Livreiro Editor. P.92.

136 *Op. cit.* Alejandro Mendible (2005). P.16.

137 Erika Gólcher (1996). La Segunda Guerra Mundial: Participación Costarricense en la Organización Panamericana (1936-1944). *Anuario de Estudios Centroamericanos*, Universidad de Costa Rica, 22: 91-104. P. 91.

138 Específicamente en el mes de abril de 1948, en el marco de la IX Conferencia Internacional Americana celebrada en Bogotá, Colombia.

139 Instaurado con las Conferencias Panamericanas en 1889 y relativo a instituciones panamericanas como la Organización Panamericana de la Salud. Estados Unidos decidió cambiar el término panamericano por interamericano para evitar mayores confrontaciones ideológicas con los países latinoamericanos.

140 *Op. cit.* William Gonçalves y José Luiz Werneck Da Silva (2009). P.P. 125-126.

141 Wolf Grabendorff (1982). «Las posibilidades de conflicto regional y el comportamiento en conflictos interestatales en América Latina, *Revista Mundo Nuevo*, Caracas, USB, julio-diciembre, n°. 18. P. 56.

142 Juan Gabriel Tokatlian (1984). «La OEA repensando su crisis», *Revista Nueva Sociedad,* núm.72, julio-agosto. P.P. 9-13

143 Brasil ha impulsado coaliciones flexibles y un dialogo con India y Suráfrica. A su vez, viene realizando importantes inversiones en el continente africano, especialmente en países de habla portuguesa y en otros Estados ricos en recursos naturales.

144 *Cfr.* Constitución de la República Federativa del Brasil. Disponible en: http://pdba.georgetown.edu/Constitutions/Brazil/esp88.html#mozTocId668348. Consultado el 11/11/12.

145 Enrique V. Iglesias (2009) en Carlos Jarque; María Salvadora Ortiz y Carlos Quenan (Comp). América Latina y la Diplomacia de Cumbres, Secretaria General Iberoamericana, México. P.10. Disponible en línea: http://segib.org/documentos/esp/Diplomaciaweb.pdf, consultado el 23/10/12.

146 Francisco Rojas Aravena (2010). «Unión Latinoamericana y del Caribe: ¿Es una opción viable para consolidar el multilateralismo latinoamericano?», disponible en: http://www.iadb.org/intal/intalcdi/PE/2010/04730.pdf, Consultado el 15/03/2012.

147 Xavier Franco. «La Celac y la incombustible quimera integracionista», disponible en: http://phelan.cl/archives/tag/celac. Consultado el 25/03/2012.

148 En Río de Janeiro, ciudad que acogió eventos de gran envergadura como el Mundial de Fútbol en 2014 y los Juegos Olímpicos en 2016, se llevaron a cabo unos enormes proyectos a nivel de infraestructuras. No obstante, según datos extraoficiales, más de 4.600 personas murieron en el año 2008 debido a la violencia relacionada con la delincuencia y el narcotráfico.

149 Término acuñado a propósito del libro *Brasil, país de futuro* del austriaco Stefan Zweig.

150 Julia E. Sweig (2010). La extensa agenda global de Brasil. *Revista Política Exterior*. Noviembre-Diciembre. P.135.

151 Ricardo Sennes. Las relaciones Brasil-Estados Unidos: un acuerdo tácito. *Revista Foreign Affairs Latinoamerica*. Volumen 8. Nº 4. P.84.

152 Véase artículo de João Daniel Lima De Almeida (2010). *Barão do Rio Branco x Celso Amorim*. Folha de São Paulo. 29-09-2010. Disponible en línea: http://www1.folha.uol.com.br/mundo/806133-barao-do-rio-branco-x-celso-amorim.shtml   Consultado el 13/11/2012.

153 El término BRICS se emplea para referirse conjuntamente a Brasil, Rusia, India, China y Sudáfrica, este fue creado en el año 2001 por el economista Jim O'Neil, con base en su previsión de que las cuatro economías de estos países serían las dominantes en el año 2050. Los mismos fueron elegidos por su enorme población, el bajo coste de su mano de obra y porque atraen mucha inversión extranjera directa. Asimismo, tienen una gran extensión territorial y una enorme cantidad de recursos naturales. Para más detalle véase, http://economy.blogs.ie.edu/archives/2009/04/%C2%BFque-son-los-bric-%C2%BFque-son-los-brictim.php Consultado el 13/11/2012.